KB271660

식당,
이렇게 하면
빨리 망한다

식당, 이렇게 하면 빨리 망한다

초판 2쇄 2014년 5월 15일

지은이 김창민

펴낸이 방영배, 곽유찬
편 집 심경보
디자인 신정난
펴낸곳 다음생각

주소 경기도 고양시 덕양구 화정동 967 송화빌딩 213호
전화 031-963-2123 **팩스** 031-963-2124   **이메일** nt21@hanmail.net
출판등록 2009년 10월 6일 제2011-000148호
인쇄·제본 이지앤비 **종이** 월드페이퍼
ISBN 978-89-98035-28-0 (13320)

식당, 이렇게 하면 빨리 망한다

김창민 지음

식당주인으로 산다는 것

오직 먹고살기 위해 온갖 직업을 전전하다 본격적으로 식당을 시작한 지 30년이 다 되어 간다. 지금이야 그래도 먹고 살만하지만 돌이켜 보면 배고픈 날들이 셀 수 없이 많았다. 굶지 않으려 이것저것 닥치는 대로 일을 했고, 어떨 땐 이제 좀 팔자가 풀리려나 싶다가도 아차 하는 순간에 나락으로 떨어지곤 했다. 매번 망할 땐 어찌 그리 에누리 없이 망하게 되는지, 다른 사람들은 어찌어찌 되더라도 쌀 떨어지는 일은 잘 없는 것 같던데 난 무슨 번지점프 하듯 곧장 끼니를 걱정해야 하는 상황으로 급전직하하곤 했다.

대체 세끼 먹는 일이 뭐 그리 어려운 일이라고, 이젠 그런 기초적인 고민과는 영원히 안녕이라며 마음 놓고 있을 때쯤이면 하루아침에 무슨 날벼락같이 끼니 걱정이 찾아왔다. 잊을 만하면 나타나는 그 지겨운 끼니 걱정에서 정말 벗어나고 싶었다. 그러다 택한 일이 식당이다. 최소한 장사를 하는 동안에는 먹을 건 안 떨어질 것 아닌가? 그게 내가 식당을 시작하게 된 동기다. 식당을 시작하게 된 이유치곤 참 단순해 보이지만 그렇다고 식당일을 쉽고 만만하게 여긴 건 아니었다. 오히려 얼마나 힘들고 어려운 일인지 경험을 통해 어렴풋이나마 알고 있었다.

 본격적으로 식당을 한 지 대략 10여 년쯤 지난 어느 날, 우두커니 주방에 혼자 있다가 내가 나 자신에게 질문을 던진 적이 있다.
 '식당이란 뭘까?'
 사람은 먹어야 산다. 식당은 밥 먹는 곳이다. 그게 어떤 종류의 음식이든 '밥'으로 통한다. 우리나라 사람들에게 아침은 곧 밥이다. 점심도 마찬가지고 저녁도 그냥 '저녁 먹자'로 통한다. 서양 사람들처럼 아침과 아침 식사를, 점심과 점심 식사를, 저녁과 저녁 식사를 구분해서 사용하지 않는다. 그냥 점심 먹자고만 하면 점심밥 먹자는 소리로 다 알아듣는다. 그만큼 우리에게 밥은 소중하다. '잘 먹고 잘 살다' 할 때도 보통 앞에 '잘 먹다'가 오는 건 그만큼 잘 먹어야 잘 살 수 있다는 뜻이기도 하다. 그리고 그 '잘 먹고 잘 살다'에서 '잘 먹다'를 사업이라는 문법으로 풀면 식당이 된다. 돈을 받고 밥을 파는 식당은 찾아오는 손님이 잘 먹고, 가서 잘 살 수 있도록 최선을 다해야 한다. 누구나 잘 먹고 잘 살고 싶어 한다. 그래서 식당은 찾아오시는 손님 누구에게도 똑같이 정성을 다해 음식을 내놓아야 한다. 그게 식당이다. 거기에 정情을 더하면 금상첨

화다. 사람들은 함께 음식을 먹으며 동시에 정도 나눈다. 난 우리 식당을 찾아주시는 분들이 모두 잘살 수 있도록 한 끼의 식사라 할지라도 맛과 정성을 가득 담아 대접해드리고 싶다. 그래서 한 번 찾아주신 손님이 다시 찾아오고 시간이 흐를수록 더 많은 손님들이 찾는 그런 식당으로 남고 싶다.

밥걱정 안 하려고 시작한 식당이 이젠 내 천직이자 운명이 되었다. 잘 살 수 있도록 맛과 정성이 가득 담긴 음식을 잘 먹을 수 있는 곳, 하나의 밥상에 같이 둘러앉아 정을 나누고 서로에게 힘과 위안을 주는 곳. 내가 생각하는 식당이란 그런 곳이다. 그리고 그런 식당의 주인으로서 사명과 책임을 다하기 위해 오늘도 난 어김없이 새벽같이 일어나 닭처럼 푸다닥 거리고 있다.

PART 01 그래도 살아지는 게 인생이어라

Chapter 01 기억, 상처, 악몽

Chapter 02 우리 사람같이 살자 알긋제?

PART 01

그래도 살아지는 게 인생이어라

기억, 상처, 악몽

나는 오늘 한없이 울었습니다

오늘 큰놈 고등학교 졸업식 태워다 주는 길에 앞이 보이지 않았습니다.

전 여태껏 애들 졸업식에 간 적이 한 번도 없습니다.

일이 있으면 일 핑계를 대고, 일이 없으면 일부러 만들어서 가지 않았거든요.

이번만큼은 우리 처妻가 꼭 가야 된다고 해서 마지못해 갔습니다.

그런데… 내 이럴 줄 알았습니다.

큰놈 졸업식 날 한 시간 이상 울었습니다.

이글을 쓰면서도 눈물이 그치질 않습니다.

한 30년 전쯤 제게도 딱 한 번, 졸업식이 있었습니다.

그날 저는 졸업장을 준다고 해서 그것을 받으러 학교에 갔습니다.

졸업식이 끝나고 친구 덕우랑 둘이서 제일 먼저 밖으로 나오는데 문득 우리 엄마가 계모가 아닐까 하는 생각이 들었습니다.

다른 아이들은 다 중학교에 가는데 왜 나만 안 보내는지?

공부를 하고 싶었던 건 아니었습니다. 그냥 중학생 모자를 한번 써 보고 싶었습니다.

우린 그때 정말 가난했습니다. 대구 서문시장에서 장사를 하시던 아버지가 엄청나게 큰 화재를 당하신 후, 중풍으로 6년을 누워계 셨거든요. 어느 날 아침, 막냇동생이 엄마에게 어제저녁에 먹다 남 겨둔 누른 국시 국물 없냐고 한 말이 아직도 기억납니다.

어릴 적 기억이라곤 배고팠던 기억밖에 없을 정도로 지독하게 가 난했습니다.

몇 개월 전, 어머니가 큰 수술을 하시고 병원에서 퇴원하고 얼마 되지 않았을 때였습니다. 홍식이라는 초등학교 친구가 어머니를 진맥하러 우리 집에 온 적이 있었습니다. 그동안 초등학교 친구를 한 번도 보신 적이 없던 엄마는 의사가 된 친구를 보시고는 말을 잇지 못하셨습니다.

친구가 돌아가고, 엄마가 우시는 것을 봤습니다. 저 모르게 숨어 얼마나 우시던지… 지금 생각하니 제가 우리 엄마 마음을 얼마나 아프게 했는지 알 것 같습니다.

전 여태껏 돈 밖에 모르고 살았습니다. 지금, 돈은 벌 만큼 벌었습니다. 그런데… 돈을 벌어도 마음에 남아 있는 한은 그대로입니다.

억울하게 누명을 쓰고, 16살 어린 나이에 고문도 당했습니다. 지금도 그 후유증으로 정신과 약을 20년 간 먹고 있습니다.

자꾸 옛날 생각을 하지 않으려 해도 오늘 따라 더 납니다.

저는 수학여행을 한 번도 가보지 못했습니다. 요즘도 수학여행 가는 꿈을 가끔 꿉니다.

우리 처妻, 결혼식 하기 전에 다른 건 당신 말 다 들어도 내가 여행 간다고 하면 잡지 말라고 했습니다. 돈 없이 40여 일 동안 여행을 다녀온 적도 있습니다. 전에는 몰랐는데 이제 알 것 같습니다.

20년을 우리 엄마랑 같이 살아주고 앞으로도 같이 살 사람, 진짜 고맙습니다.

눈물이 자꾸 나와 더 이상 글을 못 쓰겠습니다.

전 자격지심이란 말의 정확한 뜻은 모릅니다. 그런데 나한테 해당되는 말인 것 같습니다.

제가 아는 분들 모두 다 잘 됐으면 좋겠습니다. 진심입니다.

나는 오늘 빛바랜 졸업장을 꺼내놓고 한없이 울었습니다.
이젠, 자랑스럽습니다.
저는 대구 남산 초등학교 36회 졸업생 김창민입니다.
-2002년 가을 대구 남산초등학교 인터넷 카페에 올린 글 중에서-

아침조회

등줄기가 뜨겁다. 온몸이 쪼그라드는 것 같다.

좀 있다 뒤돌아설 일이 꿈만 같다. 스피커에서 "김창민 단상 앞으로" 할 때부터 이게 뭔 일인가 했다. 주로 공부 잘하는 애들 상 받을 때 나가는 곳이었고 난 구경하며 박수만 치면 되는 곳이었다. 왜 나를 부르지? 쭈뼛거리며 나오긴 했어도 이런 건 생각도 못했다.

내가 너무 못살아서 도와준단다. 환경이 불우해서, 다시 말해 너무 가난해서 도와주는데 그것도 나라에서 어떻게 해주는 것도 아니고 전교생이 십시일반 쌀을 모았단다. 그래서 그걸 전달하는 식을 가진단다. 차라리 사고치고 불려 나가 벌 받는 게 낫지 정말 쪽팔려서 미칠 것 같았다.

'도와줄 거면 그냥 가만히 해줘도 되잖아?'

일 만개의 눈, 동정의 눈길이 한꺼번에 내 뒤통수에 내리꽂히는 것 같았다. 식이 끝나면 돌아서 내려가야 하는데 자신이 없다. 얼굴이 화끈거려 고개를 들 수가 없다.

순간, 내가 사라지든 아니면 다 죽여 버리고 싶었다.

요즘도 이렇게 하는 학교가 있을까?

지금 생각해도 오금이 저리다. 불현듯 떠오르면 털어내려고 머리를 흔든다.

초등학교 6학년 어느 날, 뭐하나 내세울 것도 없으면서 자존심만 시퍼렇게 살아 있던 나에게 학교는 그렇게 마음에서 멀어져 갔다.

살구나무집

자주 이사를 했고, 그때마다 어김없이 집은 학교와 더 멀어졌다. 형편에 쫓겨 자꾸 외곽으로 밀려나다 보니 결국 팔달교 너머에 살게 되었다. 버스비를 아끼려면 두 시간을 꼬박 걸어야 했다. 맨 날 땀이 빠작빠작 나도록 걷고 있으면 옆으로 휭허케 16번 버스가 지나갔다.

'저걸 타면 금세 갈 수 있는데…'

버스 뒤꽁무니를 멍하니 바라보다 옛 생각에 잠겼다. 오래되지도 않았는데 마치 아득한 옛일 같았다.

사람들은 우리 집을 '살구나무집'이라 불렀다. 대구 남산동 방 네 개에 떡하니 너른 기와집.

앞마당에는 커다란 살구나무가 있었고 뒤편으로 나가면 옷을 만드는 공장이 있었다.

집안일과 우리 형제들 챙겨주시던 점순이 누나와 자야 누나가 함께 살았고, 내 도시락에는 늘 계란프라이가 얹혀 있었다. 그리고 무엇보다 그 귀한 라면, 당시에는 함부로 먹을 수 없었던 라면이 우리 집 부엌엔 늘, 그것도 다섯 개들이 덕용으로 있었다.

부스러기가 없어 최고로 쳐주는 킹구건빵, 라면땅 같은 군것질거리도 끼고 살았다. 우리 집은 부잣집이었고 난 아버지 잘 만난 복 많은 녀석이었다. 잘 먹고 잘 자고 잘 뛰어놀면 그뿐이었다. 정말이지 별걱정이 없었다. 뒷마당 공장에서 돌아가는 재봉틀 소리조차 신나게 들렸다.

그랬는데… 매양 그렇듯 그 날도 친구들과 신나게 놀고 있었다. 그러던 차에 한 아이가 헐레벌떡 뛰어오더니 불구경 가자고 했다. 서문시장에 큰불이 났다는 거였다. 사실 그럼 안 되는 거지만 불구경만큼 재미난 게 없다고, 우린 우르르 몰려갔다.

당시 서문시장은 한강이남 제일의 시장이었다. 아침부터 저녁까지 상인들을 비롯해 사람들로 북적였고, 특히 경상도 각지의 웬만

한 옷 소매상들은 다 몰려드는 곳이었다. 그런 서문시장이 온통 시커먼 연기와 소방차 사이렌 소리로 뒤덮여 있었다. 우린 어른들 틈 사이를 헤집고 여기저기를 돌아다녔다. 어떤 식료품 가게에서 내던져 놓은 통조림 몇 개도 주워서 같이 따 먹었다. 불은 어른들의 일이었고 우린 하루를 잘 놀았을 뿐이었다.

집에 돌아와서야 알았다. 그 불이 홍진사, 옷과 원단이 가득했던 아버지의 가게를 다 태워버렸다는 것을… 동분서주하시던 아버지는 얼마 후 쓰러지셨다.

서둘러야 했다. 제시간에 도착하려면 멍 때리고 있을 여유가 없었다.

왕복 16킬로미터를 뛰듯이 걸어 학교를 갔다 오면 다리가 쑤시고 아팠다. 그리고… 무엇보다 배가 고팠다.

아이스케키

밀가루에 콩가루를 섞어 넓고 얇게 뽑아내면 누른 국수가 된다. 멸칫국물로 육수를 내, 다 먹고 남은 국물엔 보리밥을 말아먹었다. 여섯 식구가 모여 앉아 그렇게 저녁을 먹고 잠이 들었다. 그런데 아침에 일어나니 먹을 게 아무것도 없었다.

배는 고프고 서로 눈치만 보고 있는데 동생이 물었다.

"엄마! 어제 먹다 남은 누른 국수 국물 어데 있노?"

그때 여섯 살이었던 동생의 그 말을 잊을 수가 없다. 돌덩어리가 가슴을 짓누르는 것 같았다.

굶지 않으려면 뭐라도 해서 돈을 벌어야 했다. 무작정 길거리로 뛰쳐나왔고, 다급한 마음에 물어물어 잡은 일이 아이스케키를 파는 것이었다. 학교를 마치고 백로당이란 회사를 찾아가면 페인트로 '氷'이라는 글자가 큼지막하게 적힌 아이스케키 통을 내 주었다.

얼음이 담긴 탓에 보기보단 꽤나 무거웠는데 그래도 학교친구들과 마주치기 싫어서 낑낑거리며 옆 동네까지 옮겨가 골목 한켠에 자리를 잡고 섰다. 태어나서 처음 해보는 장사였고 그 첫날이었다. 여름이면 "아이스 케키~"하고 외치는 아저씨들의 모습을 많이 봐왔지만, 막상 그대로 따라 하려니 선뜻 목소리가 나오지 않았다. 자꾸만 기어들어가는 목소리로 우두커니 서 있는 동안 시간은 흐르고, 한여름 땡볕에 하릴없이 아이스케키만 녹아내렸다. 게다가 더운 날씨 탓인지 지나다니는 아이들조차 좀처럼 볼 수가 없었다.

속이 바싹바싹 타들어 가는데, 마침 나보다 훨씬 더 어려 보이는 꼬마가 눈앞으로 지나가고 있었다. "얘" 하고 일단 불러 세웠다. 눈이 마주치는 순간 통에서 아이스케키 하나를 꺼내 그 아이에게 내밀었다.

"이거 먹고 네 친구들한테 아이스케키 장사 왔다 캐라. 많이 데리고 오면 너한테 공짜로 한 개 더 주께”

금세 효과가 나타났다. 꼬마는 골목길을 돌아 사라진 지 얼마 지나지 않아 친구들과 함께 다시 나타났고 난생처음으로 고객이 주는 돈(동전)을 받아 손에 쥐었다. 그 아이들이 돌아간 후 “백로당~ 아이스 케~키” 외치는 내 목소리가 점점 커졌다.

아이스케키를 팔아서 번 동전을 손에 모아 쥐고 집으로 돌아가는 길은 늘 뿌듯했고, 발걸음도 가벼웠다. 여름 한 철을 내내 그렇게 길바닥 위에서 보냈고 얼굴과 팔다리가 새카맣게 타도록 아이스케키 장사를 했다. 하지만 정작 손에 쥐는 돈은 그야말로 내 한 입 감당하기도 힘들 만큼 적었다.

참, 약속대로 그 꼬마에겐 아이스케키 하나를 더 줬다.

찹쌀떡

아이스케키는 계절상품이다. 여름이 지나면 그걸로 끝이다. 다시 겨울이 찾아 올 무렵 새로운 장사거리를 찾아다니다 집 근처에 있던 찹쌀떡 공장을 찾아갔다.

여름엔 아이스케키, 겨울엔 찹쌀떡, 어린아이 머리로 생각할 수 있는 건 그게 전부였다.

무턱대고 찾아간 공장에서 떡을 팔려면 떡판에 대한 보증금을 내고 받아 가야 한다는 사실을 알았다. 가진 돈이 그만큼 되지도 않았고 아무 경험도 없었던지라 그냥 돌아설까 하다가 혹시나 하는 마음으로 쭈뼛거리며 떡 공장 사장님께 사정을 이야기하고 부탁했다. 그런 나를 물끄러미 내려다보시던 그 사장님이 떡 한판을 보증금 없이 그냥 내어 주었다. 고마운 마음에 꾸벅거리며 연신 인사를 하고 나온 뒤 가까운 가게에서 흰 면장갑을 하나 샀다. 그건 거의 본능적으로 했던 일 같다. 잘 팔고 싶은 욕구가 흰 장갑을 끼고 떡을 팔면 깨끗해 보여 손님들이 더 좋아할 것이라는 생각을 불러일으켰다.

찹쌀떡이 새하얀 색을 띠고 있어 아마도 그걸 보고 그런 생각을 하지 않았나 싶다.

흰 장갑이 효과가 있어서 그랬는지 정확하게 알 수는 없지만, 벌이가 아이스케키 장사를 할 때보다 나았다. 겨울 골목을 돌아다니며 "찹쌀~떡~"을 외치다 차츰 요령이 생기면서 시장통으로, 또 인근 여인숙으로 손님이 있을 만한 곳을 찾아 골라가며 다녔다.

어느 틈엔가 보니 단골손님도 생겼고 얼마라도 돈을 벌 수 있다는 사실은 내겐 정말 중요한 일이었다. 그리고 연탄! 연탄은 쌀과 함께 서민들이 겨울을 나는 데 없어서는 안 될 생존 필수품이었다. 찹쌀떡을 팔아 번 돈으로 연탄을 사서 집으로 돌아가는 그 기분은 달콤하다 못해 뿌듯하기까지 했다.

그러던 어느 날, 그 달콤한 기분이 산산조각 나던 순간이 있었다.

연탄 두 장을 새끼줄에 묶어 발걸음도 가볍게 어둑어둑한 밤길을 가다가 그만 넘어져 버려 한 장을 깨 먹고 만 것이다. 얼마나 아깝던지 정말 눈물이 핑 돌았다. 발을 동동거리다가 실낱같은 희망을 품고 부스러진 연탄을 손으로 쓸어 담고는 연탄가게로 다시 돌아갔다.

그랬더니, 세상에! 연탄가게 아저씨가 나에게 새 연탄 한 장을 내어주시는 게 아닌가?

지금도 그렇지만 옛날엔 참 좋은 사람들이 많았다.

물론 세상엔 나쁜 놈들도 꽤 있고 그 후로 그냥 나쁜 놈이란 말만으로는 표현이 안 되는 끔찍한 인간도 만나게 되지만…

신문 배달

매일같이 지나다니는 버스가 내겐 그저 그림의 떡 같은 존재였다. 어지간해서는 돈을 내고 탈 엄두를 내지 못했다.

한 번은 시내에서 친구와 어울려 놀다가 해가 저물 것 같아 큰마음 먹고 시내버스에 올랐다가 깜짝 놀랄 만한 광경을 목격했다. 나보다 한참 나이가 더 많아 보이는 형뻘 되는 사람이 버스에 오르면서 차비를 안 내고 자리에 가서 앉는 거였다. 자기 앞을 획 하고 그냥 지나치는 데도 버스 안내양은 차비를 내라는 소리를 하지 않았다.

어찌나 궁금하던지 한 번 본적도 없는 그 형 곁으로 다가가 말을 붙였다.

"형은 왜 버스비를 안 내고 타도돼요?"

그런 내가 당돌해 보였는지 잠깐 나를 아래위로 훑어보더니 옆구리에 낀 신문을 가리키며 답했다.

"신문 배달 일을 하면 차비를 안 내도 돼. 대신 버스 기사님께 신문을 한 부 드리면 돼."

귀가 솔깃해져 다짜고짜 매달렸다.

"나도 그래 되게 쫌 해주이소."

그 형은 의외로 나를 신문사 지국으로 데리고 가서 소개를 해주었다. 알고 보니, 마침 그 형이 입대를 앞두고 있었던 터라 자기 후임을 찾던 중이었다.

지금이야 아파트로 빽빽하지만, 당시 신문사 지국이 있던 대구의 칠곡 지역은 영락없는 시골동네였다. 논과 밭 사이로 드문드문 집들이 있었고 신문사 지국 또한 그런 시골동네 촌집 중 하나였다. 신문 배달원이 자는 방 바로 옆 한 칸 건너에는 소가 자는 방이 있었다.

학교 가기 전에 조간(한국일보), 학교 갔다 와선 석간(매일신문)을 배달했다. 그런데 얼마 안 가 내가 얼마나 좋은 직장에 취직했는지 알게 되었다. 먹여 주고 재워주고 게다가 월급으로 당시로써는 엄청 큰돈이었던 천오백 원을 준다고 했다. 짜장면 한 그릇에 15원이었으니 당시로썬 상당히 큰 액수였다. 그 말을 듣고는 아예 신문지국에서 먹고 잤다. 집에다가는 지국에서 자고 곧장 학교로 갈 테니 걱정하지 말라고 이야기했다. 하지만 말과는 달리 이미 마음이 떠난 학교에는 더 이상 나가고 싶지 않았다. 처음에는 하루 이틀 빠지다가 나중엔 아예 등교하지 않았고, 집에는 그 사실을 말하지 못했다.

매일 끼니 걱정을 했던 나에게 이곳은 하루 세끼를 다 챙겨 먹을 수 있는 천국과도 같은 일자리였다. 특히나 석간을 돌리고 와선 고봉밥을 혼자 두 그릇이나 먹기도 했다. 배부르게 밥을 먹다가도 가끔 집에 있는 식구들이 생각나 마음이 아렸지만 돌이켜 보면 어린 시절 그때처럼 배부르게 먹고 지냈던 때가 없었던 것 같다. 그렇게 몇 개월이 지났다.

석간신문 배달을 마치고 지국으로 돌아가는 어느 초여름 날이었다. 해 질 녘에 혼자 터벅터벅 길을 걷는데 갑자기 불안하고 초조해지더니 곧 죽을 것 같이 가슴이 답답해져 왔다. 이상한 건 그렇게 죽을 것 같은 느낌이 드는데도 걱정이 되거나 무섭지가 않았다. 어린 나이에 왜 그랬는지 몰라도 그냥 이대로 죽어버려도 괜찮을 것 같다는 생각이 들었다.

축 늘어진 몸을 질질 끌다시피 해서 지국으로 돌아오니 방 한구석에 놓여 있던 책가방이 눈에 들어왔다. 갑자기 그게 꼴 보기 싫어져 그 길로 들고 나가 논두렁에 냅다 던져 버렸다. 그러고 난 며칠 뒤, 지국에 있다가 방문을 열고 나서는데 느낌이 이상해 고개를 들어 보니 어머니가 마당에 서 계셨다.

순간, 모든 게 멈춰 버렸다. 말도 나오지 않았고 몸도 움직여지지 않았다.

어머니는 나를 눈에 넣을 듯이 다가왔다. 나 말고는 아무것도 보이지 않는 것 같았다. 그리고 어머니의 손이 내 어깨에 닿는 순간, 난 서럽게, 서럽게 울었다. 어머니도 말없이 그냥 울기만 했다.

그 길로 난 다시 학교에 갔고 얼마 후 졸업했다. 나중에 안 일이지만 어떤 농부가 흙투성이가 된 채 버려져 있던 내 가방을 발견하고는 혹시 사고라도 났나 싶어 학교에 신고했다고 한다. 그 일로 인해 학교로부터 연락을 받은 우리 어머니가 놀란 가슴으로 정신없이 나를 찾아다녔고 수소문 끝에 내가 일하는 지국의 위치를 알아냈다고 한다.

그때 우리 어머니가 나를 찾아오지 않았더라면…

더 나중의 일이지만 난 하마터면 학력미달로 군 면제자가 될 뻔했다.

지금도 차를 몰고 팔달교 다리를 건너면 가끔 생각나는 게 있다.

그 시절, 칠곡에선 소나무로 밥을 지었고 해 질 무렵이면 집집마다 굴뚝에서 맛있는 연기가 피어올랐다. 이젠 시골에 가도 찾기 힘들지만… 소나무로 밥 짓는 연기, 그 냄새를 맡으면 군침이 돈다.

양화점

남편 병수발에 자식 넷 키우느라 우리 어머니는 하루도 편할 날이 없었다. 부잣집 사모님에서 하루아침에 빚 독촉에 시달려야 하는 처지가 되었고 결국 남편까지 떠나보내야 했다. 그 기막힌 상황 속에서도 우리 어머니는 한 번도 주저앉거나 포기하지 않았다.

그저 자식 넷을 목숨같이 여기며 노랫말처럼 어떤 고생도 마다치 않았다. 그런 어머니를 옆에서 지켜보며 철딱서니 없이 짜증도 부렸지만 그래도 속엔 늘 보탬이 되고 싶다는 마음을 지니고 있었다.

친구들이 쓰고 다니는 중학교 모자가 속이 아리도록 부러웠지만 어쩔 수 없는 일이었다. 초등학교를 졸업하고 나서부터는 학교에 갈 일도 없어졌으니 본격적으로 돈벌이를 찾아 나섰다.

처음에는 아세아극장 주변에서 껌을 팔았다. 주로 데이트하는 남녀를 대상으로 삼았다. 껌을 파는 일은 돈으로만 따지면 꽤 마진이 괜찮은 장사였다. 그런데 그걸 하고 나면 돈이 벌려도 신나거나 즐겁지가 않았다. 껌 파는 일은 한마디로 앵벌이였고 앵벌이의 기본은 남에게 불쌍하게 보이는 데서 시작하는데 난 그게 참 싫었다. 그러던 와중에 형이 내가 하는 일을 알게 되었고, 어머니도 껌 파는 일 만큼은 하지 않는 게 좋겠다며 반대하는 터라 미련 없이 그만뒀다. 그런데 그 일을 그만두고 나니 딱히 할 만한 일이 없었다. 나이로 보나 뭐로 보나 번듯한 직장은 애당초 나에겐 가당찮은 일이었다.

그 뒤 어쩌다 일하게 된 철공소에서는 작업 중에 그만 기계에 손등이 찢어지는 사고를 당해 더 못하게 되었고, 손이 다 나은 후에는 중국집에서 배달하는 일을 했지만 얼마 못 가 희한한 이유로 월급도 못 받고 쫓겨났다.

그때 주문받았던 음식이 울면이었던 것도 기억이 난다. 그런데 주문받은 대로 그 울면 두 그릇을 들고 찾아갔더니 시킨 사람이 아무 데도 없는 게 아닌가? 어쩔 수 없이 나무로 만든 배달가방(그땐 철가방이 없었다.)을 한번 열어보지도 못하고 가게로 돌아갔더니 중국집 주인이 화를 내며 나에게 불어터진 울면 두 그릇을 다 먹으라는 거였다. 시키는 대로 실컷 배터지게 먹었다. 그리고 다 먹은 울면 그릇을 막 내려놓으려는데 내일부터 나오지 말라고 했다.

난 그 길로 쫓겨났고, 얼마 동안 일한 월급도 받지 못했다. 아마 그 주인은 울면 두 그릇으로 내 임금을 퉁 쳤던 모양이다.

다음날부터 또다시 길거리를 헤매야 했다. 끼니도 못 때운 채 대구 시내 향촌동을 기웃거리며 돌아다니는데 어떤 구두닦이 형이 짜장면을 먹고 있었다.

순간, 나도 모르게 침이 꼴깍 넘어갔다. 나도 모르게 그 모습을 계속 쳐다보고 있었던지 그 형이 짜장면을 먹다 말고 손짓으로 나를 불렀다. 그리고는 쭈뼛거리며 다가온 내게 먹다 남은 짜장면 그릇을 내밀었다. 배고픈 내 코에 스미는 짜장면의 향기가 체면도 자존심도 잊게 만들었다. 도저히 참을 수가 없어 허겁지겁 맛있게 받아먹고는 어정쩡하게 서 있는데 그 형이 내게 구두닦이 일을 해 보지 않겠느냐고 제의를 했다. 그 길로 난 손님들을 찾아다니며 구두를 수거해오는 속칭 '찜새'로 취직이 되었고 얼마 후 주변 사무실 등지를 돌아다니며 열심히 구두를 집어온 능력을 인정받아 구두를 닦는 '딱새'로 승진을 했다.

그전까지 했던 일과 비교하면 구두닦이는 참 번듯한 직업이었다. 그건 기술이 필요한 일이었고 아무나 금방 잘할 수 없는 일이었다.

당시 대구에서 제일 번화한 거리였던 향촌동 한 곳에 터를 잡았고 인근 경찰서며 다방, 그리고 상인들까지 나를 알아봐 주는 그곳의 일원이 되었으니 처음으로 직장다운 직장을 가진 셈이었다. 그러던 중 다시 한 단계 올라설 기회를 잡았다. 구두를 닦는 곳에서 구두를 파는 양화점으로 스카우트된 것이다.

양화점은 또 다른 세상이었다. 일단 찾아오는 사람들부터 달랐다. 한눈에 봐도 귀부인 같아 보이는 사람들이 드나들었고 가슴에

배지를 단 멋쟁이 여대생 누나들도 찾아와 당시 갓 나온 통 부츠를
맞춰 갔다.

어느 날, 그 양화점을 운영하시던 사모님이 내게 말했다.
"창민아! 너는 참 귀공자 같이 생겼다. 앞으로 어른이 되면 생긴
것처럼 아주 럭셔리한 귀공자가 되어라. 일할 때도 '나는 럭셔리한
귀공자'라는 생각으로 해라. 너는 말이다. 틀림없이 귀공자로 살
거야."
처음 들어보는 말이었지만 무지 좋은 뜻이란 걸 단박에 알아챘
다. 그리고 내 기억으로는 그 사모님이야말로 진짜 럭셔리한 분이
었다.

하얀 목련, 은빛 수갑

양화점으로 출근하는 길은 늘 나를 들뜨게 했다.
'럭셔리? 내가?'
길가에 핀 목련이 꽃망울을 터뜨리고 있었다. 하루 일과는 늘 쇼
윈도를 반짝반짝하게 닦아 진열된 구두가 눈에 잘 띄도록 하는 데
서 시작됐다.
어느 날 아침, 막 창에 묻은 물기를 닦아내고 있는데 뒤에서 누가

내 이름을 부르는 소리가 들려왔다. 고개를 돌려보니 예전 칠곡에 살 때 같이 어울려 지냈던 동네 친구가 나를 보며 웃고 있었다. 정말 오랜만이었다. 어찌나 반갑던지 서로 얼싸 안고 이게 얼마 만이냐며 소리를 질렀다. 그런데 그게 다였다. 아주 짧은 시간, 몇 마디 주고받은 뒤 그 친구는 시간 나면 자주 만나자는 말과 함께 총총걸음으로 사라지고 난 다시 하던 일을 계속했다.

문득, 어디 사는지 무엇을 하는지도 물어보지 못했다는 생각에 잠시 일손을 멈칫했지만 하나 둘 씩 손님이 찾아들기 시작했고 곧 일에 정신이 팔려 여느 날과 같이 하루가 지나갔다. 그리고 그다음 날, 거의 같은 시각, 마찬가지로 걸레를 손에 쥔 채 유리창 앞에 서 있는 내 등 뒤로 다시 그 친구가 나타났다. 그런데 이번엔 형사들과 함께였다. 내가 전에 자주 구두를 닦아 줬던 박 형사도 보였다. 무슨 상황인지 몰라 어리둥절해하고 있는데 다짜고짜 형사들이 내 손목을 낚아채 수갑을 채우더니 그들이 타고 온 까만색 지프 뒷좌석에 나를 태웠다. 뭐가 뭔지 영문을 알 수가 없었다. 순식간에 벌어진 일이라 당황스럽기도 하고 무섭기도 해서 반사적으로 내가 무슨 큰 잘못이라도 저지른 게 있는지 머릿속으로 기억을 더듬었다. 하지만 정말 모를 일이었다.

숨죽인 채 곁눈질로 형사들 눈치만 보고 있는데 어느새 지프가 멈춰 섰고 난 형사들의 손에 의해 어두컴컴한 지하실로 끌려갔다.

그리고 그 지하실로 들어서는 순간, 무지막지한 주먹이 내 얼굴로 날아들었다. 눈에서 불이 번쩍거리고 고개가 픽 돌아가더니 몸이 풀썩 고꾸라졌다. 그러자 바닥에 널브러진 내 몸 위로 사방에서 주먹질과 발길질이 쏟아졌다.

코피가 터지고 입에서도 피가 흘러내렸다. 그렇게 한바탕 정신없이 두들겨 맞아 얼굴이 피투성이가 된 채로 철제 의자에 앉아 있는데 미처 정신을 차릴 새도 없이 다시 구타가 이어졌다. 그 누구도 내가 왜 맞아야 하는지 말해주지 않았다. 아무런 말도 없이, 그냥 무표정한 얼굴로 나를 두들겨 팼다. 패다 말고 태연히 자기 볼일을 봤고 그러다 다시 와서 또 때렸다. 그러더니 이놈이 와서 쥐어박고 또 저놈이 와서 쥐어박고 오다가다 다른 놈이 와서 무슨 샌드백 치듯이 사람을 때렸다. 사람이 사람을 어떻게 그렇게 아무렇지 않게 때릴 수 있는지…

처음엔 도대체 왜 맞아야 하는지 이유라도 알고 맞자는 생각에 욱하고 성질이 올라왔지만, 끊임없이 맞다 보니 나중엔 반쯤 정신이 나가 무슨 죽을죄라도 지은 사람 마냥 온몸이 벌벌 떨려오기만 했다. 당시 형사의 이름은 기억도 안 날뿐더러 기억하고 싶지도 않다.

그때쯤 형사가 친구를 데리고 들어왔다. 대질신문이었다. 말이 대질신문이지 그놈 말만 무슨 녹음기 틀듯이 하고는 순식간에 끝이 나버렸다. 그런데 그놈 말이 자기가 일하고 있던 금방에서 금 20돈을 훔쳐 나왔고 그걸 나에게 전해 줬다는 거였다.

기가 막히고 억장이 무너졌다. 그제야 왜 내가 이 꼴로 얻어터지고 있는지 알게 되었다. 순간 두려움이 사라지고, 억울하고 분한 마음이 가슴속에서 봇물처럼 터지며 올라왔다. 정말 그게 이유라면 난 맞아야 할 까닭이 없었다.

지프 안에서 잡혀 오는 동안 오만 생각을 다 했다. 친구와 싸움질한 것, 그 전에 껌을 팔 때 비싸게 바가지를 씌운 일, 손님 모르게 구두를 한 번 신어 본 것, 엄마가 너무 보고 싶어 통행금지 시간을 어기고 몰래 집에 다녀온 일… 등등 그 짧은 시간에 수없이 머리를 굴리며 지난 일들을 되새김질했다.

잘못을 저지르면 경찰이 와서 잡아가고 열 대를 때리든 스무 대를 때리든 그건 벌을 주는 경찰이나 선생님 마음이라 여길 만큼 생각이 어리고 단순했다. 하지만 그놈이 도둑질한 금괴는 난 아무 상관이 없었다.

'그렇다면 난 여기서 나갈 수 있다.'

안도의 한숨이 흘러나왔고 그제야 말문이 터진 나는 형사들에게 난 아무 잘못이 없다고 이야기했다. 몇 년 만에 잠깐 얼굴 마주친 것이 다였는지라 길게 말할 내용도 없었고, 그냥 그 전날 아침에 있었던 일을 그대로 말했다. 그러나 내가 잠시나마 품었던 희망이 얼마나 부질없는 것이었는지를 알게 되는 데는 불과 몇 초도 걸리지 않았다.

내 말이 끝나기 무섭게 더 심한 매질이 시작되었다. 그들은 "난 도둑놈이 아니다.”라는 내 말은 귓등으로도 듣지 않았다. 그리고 그 매질과 구타는 밤이 새도록 이어졌다.

다시 아침이 되자 이번엔 박 형사가 들어와 물었다.

“김창민, 니 어디 숨겨놨노?”

“예?”

“니 친구가 니한테 준 금 말이다. 그거 어디다 숨겨 놓았노?”

“모릅니더. 그 친구 그거 오랜만에 어제 만난 기 답니더. 그라고 좋아서 한번 안아본 것 뿐입니더. 진짜로 나는 금이 우예 생겼는지 도….”

“임마 이거 안되겠구마 더 식겁 무 봐야 말하겠는가배.”

정말이었다. 그때까지 난 금이란 게 뭔지도 어떻게 생긴 건지도 몰랐다. 하지만 내 말이 미처 끝나기도 전에 또다시 발길질과 주먹질이 날아들었다.

짬뽕국물

양화점이 있던 곳은 향촌동이었고 관할 서인 중부 경찰서가 바로 옆에 있었다. 그런데도 형사들은 굳이 동부경찰서까지 나를 끌고 갔다. 나중에 안 일이지만 식민지시대 일본순사들이 사용하던 고문도구가 거기에만 남아 있었다고 한다.

내 입에서 원하는 대답이 나오지 않자 형사들은 일본 순사들이 남기고 간 그 칠성판인가 뭔가 하는 널빤지 위에 나를 눕혀놓고 온몸을 꽁꽁 묶었다. 머리만 널빤지 밖으로 삐져나온 채 사지를 옴짝달싹도 못 하게 되자 고개가 뒤로 넘어가면서 목이 꺾였다.

목을 가눌 수 없어 버둥거리는 내게 형사가 아주 부드러운 목소리로 물었다.

"창민아 금 어디 숨겼노?"

목을 가눌 수가 없어 말하기도 힘들었다.

"모릅니더, 나는 진짜로 금이 우예 생겼는지도 모릅니더."

"니 자꾸 그라머 세상 뜬데이 빨리 말해라."

"모릅니더 참말로 모릅니더."

"그래? 그라머 할 수 없다."

형사가 갑자기 손으로 내 목을 틀어쥐더니 짓누르기 시작했다. 정말 곧장 숨통이 콱 막혀왔다. 얼마 못 버티고 막 숨이 넘어가려 하자 그제야 형사가 내 목을 풀어줬다. 그런데 '컥' 거리며 트인 숨을 들이마시는 찰라, 머리가 쪼개질 듯 아파왔다. 형사가 아주 작은 소주잔 같은 걸로 내 코에 물을 붓고 있었다. 그건 마치 쇠붙이 같은 것으로 머릿속 생살을 헤집는 것 같은 끔찍한 고통이었다. 비명조차 나오지 않았다.

정말이지 그들은 악마와 다를 바 없었다. 몇 방울의 물로도 사람을 죽일 수 있는 무시무시한 악마였다. 그리고 그건 시작에 불과했다. 형사들은 몇 차례 그 짓을 반복하더니 다음에는 내 입으로 물을 흘려 부었다. 목구멍이 찢어지고 곧이어 가슴팍이 도끼에 쪼개지는 것 같은, 지금도 차마 떠올리는 것조차 힘들 만큼 몸서리쳐지는 고통에 시달려야 했다.

몇 번을 죽었다 깨어났는지 모른다. 그리고 얼마나 시간이 흘렀는지도 기억이 안 난다. 형사가 태연히 내 옆에서 짬뽕을 먹더니 남은 짬뽕 국물을 소주잔에 부으며 떨고 있는 내게 말했다.

"니 정말 자백 안 하면 인자는 짬뽕 국물로 한번 할 끼다."

'짬뽕 국물!'

난 죽는 날까지 그 한마디를 잊을 수가 없다. 그 한마디는 마치 온몸의 피를 얼어붙게 하는 공포, 그건 정말이지 말로는 표현할 수 없는 죽음보다 더한 공포였다. 그들에게 난 인간이 아니었고, 나 또한 내가 인간인지도 잊어버렸고 서러움도 분노도 아무것도 떠오르지 않았다.

그 뒤로 어떻게 되었는지 모르겠다. 수없이 기절했다 깨어나기를 반복했고 감각도 정신도 놓아 버린 채 실제로 짬뽕 국물이 내 코로 들어왔는지도 기억이 안 난다. 어쩌면 기억하기 싫은 건지도 모르겠다.

다만, 사람의 혼을 빼놓는 번쩍거리는 그 이상한 불빛과 온몸의 신경을 박박 긁어대던 헤드폰 고문은 내 머리가 아닌 몸이 기억한다. 검은 고글로 눈을 가리고 헤드폰을 씌우면 아무것도 안 보이고 안 들린다. 그 후 질문을 던지면서 엄청난 밝기의 빛과 소리를 내보낸다. 눈을 감아도 그 빛이 눈꺼풀을 통해 전달되어 눈이 부시다. 아무 소리도 들리지 않는 먹먹함에 공포가 밀려오고 찢어질 듯한 소리가 들려오면 공포는 온몸을 사로잡는다. 감각기관이 나를 극한으로 내몰았다.

난 조금씩, 조금씩 죽어 갔다.

내 편은 아무도 없었다. 어두운 지하실에서 난 세상으로부터 철저하게 버려지고 짓밟혔다. 그곳에서 난 살아있을 가치가 전혀 없는, 세상에 태어나지도 말아야 할 존재에 불과했다. 형사들에게 난 사람이 아니었고 그들 역시 나에겐 사람이 아니었다. 그 지하실에는 사람이 없었다. 형체만 사람을 닮았을 뿐, 짓밟히는 자의 울부짖음과 짓밟는 자들의 광기로 가득했던 그 지하실 어디에도 진짜 사람은 없었다.

내 눈에서 피눈물이 흘러내렸다.

이건 나중의 일이지만, 2년 전 처음으로 종합병원으로 종합검진을 받으러 간 적이 있었다. 청력검사를 하기 우해 검사실로 들어갔는데 헤드폰을 끼고 소리가 나면 버튼을 눌러주면 되는 것이었다. 그런데 그때 헤드폰으로 고문했을 때와 비슷한 소리가 들려와 더 이상 청력검사를 받지 못하고 검사실을 박차고 나왔다. 35년이 지나도 그 끔찍한 기억은 조금도 퇴색되지 않았다. 고문의 악몽은 벗어나려고 애쓰면 애쓸수록 조여 오는 올가미 같았다.

봉투

　며칠이나 지났는지 모르겠다.

　어떻게 알아냈는지 반 주검이 되어 유치장에 갇혀 있던 나를 어머니가 찾아왔다. 창살 앞에선 어머니가 애써 침착한 얼굴로 나에게 말했다.

　"창민아 니가 훔쳐간 거 어디 있다고 말만 하면 모든 게 없던 일로 된단다. 그라고 지금은 돈이 없으니까 천천히 갚으면 된다. 형사님이 그렇게 이야기 했다. 그러니까네…"

　생각해보면 그건 남아 있던 목숨을 모두 쏟아 부은 마지막 몸부림이었던 것 같다.

　"엄마! 나는 금이 우째 생긴 건지도 모르고 우째 가지고 내가 여기 잡혀왔는지도 모른다. 나는 도둑질 같은 거 안 한단 말이다."

　나도 모르게 유치장 바닥을 주먹으로 내리쳤고 찢어진 손에서 피가 흘렀다. 그런 나를 바라보시는 어머니의 눈에서 눈물이 흘러내렸다. 어머니는 입을 꾹 다문 채 흐르는 눈물을 훔치지도 않고 한참을 서 계시더니 아무 말 없이 돌아서 가셨다. 그리고 며칠 후 아침나절, 우리 어머니가 다시 왔고 나는 풀려났다.

죄가 없으니 당연히 풀려났겠지만 나를 고둔하던 그 형사, 밝은 데서 보니 별것도 없어 보이는 그놈이 정말 미안하다면서 안주머니에서 돈이 담긴 봉투 하나를 꺼내 우리 어머니에게 건넸다. 난 지금도 그 형사가 어머니께 한 말을 똑똑히 기억한다.

"이거 가지고 자 보약이나 한재 지어 먹이소."

어머니는 그 봉투를 통째로 갈기갈기 찢어버리고는 그놈의 뺨을 후려쳤다.

"야 이놈아 우리 아들을 도둑놈으로 맹그라 놓고 뭣이 어째? 에이 쎄(혀)가 만발이나 빠져 죽을 놈아. 이놈아 내가 살이 떨리서 니 쳐다보는 것도 징그럽다."

어머니는 경찰에 계신 친지 분을 찾아가 억울함을 호소했고, 경찰은 나에게 누명을 씌운 그 친구 놈을 추궁해 어이없게도 간단하게 훔친 금을 찾아냈다.

난 지금도 가끔 천연색 꿈을 꾸고 병원에선 내 귀가 정상이 아니라고 한다. 고문은 한 사람의 삶이 끝나는 순간까지 지워지지 않는 고통과 상처를 안겨준다.

가끔 TV나 신문을 보면 침실과 욕실이 있는 방을 보여 주며 예전 무슨 사건 때 고문을 했던 곳이라고 소개할 때가 있다. 난 그곳은 고문하는 방이 아니라 고문을 하고 나온 고문 기술자들이 샤워하고 쉬는 곳일 거라고 생각한다. 틀림없을 거 같다. 그리고 최근에 본 영화 〈변호인〉에서의 고문 장면도 실제와는 많은 차이가 있다.

그들은 아무 죄도 없는 나에게 짐승보다 못한 짓을 서슴없이 저질렀다. 그때 난 겨우 열여섯 살이었다.

악몽

고문을 당한 후, 가슴이 쪼그라들어서 아무것도 할 수가 없었다. 사이렌 소리를 내며 지나가는 경찰차만 봐도 오금이 저리고, 늘 누군가에게 쫓기는 것 같이 불안하고 초조해 견딜 수가 없었다.

어두운 곳은 무서워서 가지 못했고, 우연히 번쩍거리는 불빛이라도 보게 되면 자지러졌다. 귀에서는 계속 이상한 소리가 났고, 무엇보다 잠을 제대로 잘 수 없었다. 잠이 들면 꿈속에서 고문이 계속됐다. 악몽은 되풀이되었고, 자다가도 벌떡 일어나 안절부절 어찌할 바를 몰랐다. 증세는 갈수록 심해졌다. 숨 쉬고 있는 이 세상이 너무 무섭고 두렵기만 했다.

해가 바뀌도록 폐인 같은 시간을 보내야 했다.

지금, 당시를 떠올리면 몸서리가 쳐지지만 그래도 한 가지, 절로 빙그레 웃음이 나고 마음이 따스해지는 기억 하나가 떠오른다. 밤에 내가 경기를 하면 우리 어머니는 긴 칼에 물을 뿌려서 내 머리 위로 휙휙 내 저었다. 가위에 눌리지 말라는 거였고, 그게 어머니로선 할 수 있는 최선이었다. 하루 끼니 때우는 것도 힘든 판국에 당장 죽을 병 아닌 담에야 병원은 꿈도 못 꿀 형편이었다.

결국, 세월이 흘러 1984년이 되어서야 병원에서 '외상 후 스트레스 증후군' 진단을 받고 치료를 시작했다. 자식을 제때 병원에 데려가지 못한 게 어머니에겐 한이 되었던 모양이다. 세월이 많이 흘러서도 종종 내게 미안해하신다.

"엄마, 미안해하지 마요. 그리고 그때 내 머리 위로 칼 휙휙 해준 거 고마워요. 정말."

없으면 없는 대로

지금 돌이켜봐도 신기할 정도로 분명한 건, 구석에 웅크리고 앉아 벌벌 떨면서도 가난에서 벗어나야 한다는 생각만큼은 한 번도 놓은 적이 없었다.

서러움이 뼈에 사무칠수록, 고문의 기억이 몸서리쳐질수록 가난을 벗어나고 싶은 마음도 커져갔다. 가난이, 그로 인한 서러움이 나를 다시 일으켜 세우고 움직이게 했다. 이를 악물고 밖으로 나와 일자리를 찾았고 동네 형의 추천으로 어렵게 화물차 조수로 취직하게 되었다. 짐을 싣고 내리는 것을 비롯해 주로 몸으로 때우는 일이 내 역할이었는데 그건 조수로서 당연히 해야 할 몫이었다. 그때 난생처음으로 대구지역을 벗어나 보았다. 경북 천평, 선산, 상주, 문경새재를 넘어 충주, 평창, 강릉, 속초까지 올라갔다. 곳곳에서 짐을 부리고 다시 새 짐을 싣고 대구로 돌아오는 일을 반복했다. 차 안에서 잠을 자는 경우도 많았다.

전국 곳곳의 식당에서 밥을 먹어본 것도 이때가 처음이었다. 강원도 평창 기사식당에서 먹은 산채 정식은 정말 맛있었고 속초의 푸른 동해에 빠져 넋을 잃고 바라보기도 했다. 한 번 집을 떠나면 예사로 일주일을 밖에서 보냈다. 그러다 보니 다시 문제가 생겼다. 고문 후유증이 도진 것이다. 어머니가 옆에 있을 땐 그래도 좀 나았는데 그게 안 되니 상태가 갈수록 심해졌다. 결국, 일을 그만두고 말았다. 사실 지금도 어머니와 함께 살고 있고 대구를 떠나 다른 곳에서 사는 건 생각해 본 적도 없고 그렇게 하고 싶지도 않다.

다시 방구석에 틀어박힌 기약 없는 날들, 그건 살아도 사는 게 아니었다. 몸도 마음도 한없이 가라앉아 버린 어느 날, 다시 어머니가 손을 내밀었다.

“창민아 장사 한 번 해볼래?”

“엄마! 장사는 돈이 있어야 된다 아이가?”

“없으면 없는 대로 하면 안 되나? 구루마 하나로 시작해도 장사
는 장산기라”

아차! 싶었다.

‘그래, 아이스케키 장사는? 찹쌀떡 장사는 뭐 돈 있어서 했나?’

다음날 바로 손수레 하나를 구해 커피, 삶은 계란, 단팥죽 등 간
식거리를 챙겨 싣고 거리로 나가 장사를 시작했다.

손수레를 찾는 손님들은 주로 여자 분들이 많았는데 그분들에게
크림이 들어간 커피는 인기 만점의 상품이었다. 지금이야 커피 맛
을 좀 안다는 사람들로부터 오히려 외면을 받고 있지만, 당시에는
커피 크림이 갓 나온 아주 귀한 식품이어서 그게 들어갔다는 게 돈
을 내고 커피를 사 먹을 이유가 될 정도였다.

늦은 오후부터 저녁까지는 달성공원 인근 세칭 305번지 일대에
서, 다시 밤이 오면 야간통행금지 단속이 상대적으로 느슨했던 자
갈마당 일대에서 새벽까지 장사를 했다. 그리고 이왕이면 단팥죽
도 좀 더 맛있게 만들어 팔고 싶었다. 이것저것 궁리를 하다 보니
정말 약간의 차이로도 맛이 확확 달라졌다. 차츰 일에 몰입을 하게
되었고 그러면서 심신의 안정도 되찾아갔다.

그리 큰돈은 안 되었지만, 손수레를 끌고 다니며 장사를 한다는

게 내겐 꽤 만족스러운 일이었고 무엇보다 꾸준히 계속 할 수 있는 일이어서 좋았다.

그러던 어느 날 신체검사 통지서를 받았다. 나로선 군대에 간다는 것이 나쁠 게 전혀 없었다. 군대 가면 다 주는데, 심지어 옷도 주고 군인이라는 어엿한 신분까지 생기는데 내겐 좋으면 좋았지 싫을 이유가 없었기 때문이었다. 하지만 내 기대와는 달리 신체검사 결과는 보충역, 즉 흔히 말하는 방위병이었다.

아마 군의관쯤 되었을 거다. 난 담당자에게 현역으로 보내 달라고 생떼를 썼다.

그러자 '뭐 이런 놈이 다 있나?' 하는 눈빛과 함께 내게 돌아온 한 마디!

"야 임마 국졸은 현역 못 가!"

그놈의 학력, 그래도 그나마 다행이었다. 초등학교 졸업장도 없었으면 방위도 못 갔을 거 아닌가? 그리고 다행히(?) 난 아는 사람은 다 안다는 그 무시무시한 50사단 30경비대에 배속 되어 전투 방위 생활을 했다. 데모진압훈련인 충정 훈련과 혹독한 집총훈련으로 방위 한 명을 현역 3명과도 바꾸지 않는다는 바로 그 30경비대였다. 욕 얻어먹기 좋은 소리일지 몰라도 특공대도 돌아앉는다는 그 악명 높은 30경비대의 훈련도 내겐 별로 무섭거나 힘들지 않았다.

　다만, 시도 때도 없이 한 번씩 찾아오는 우울증, 사람을 밑도 끝도 없이 축 처지게 만들어 버리는 그 우울증이 무섭고 힘들었다. 언제까지 이래야 하나 막막하고 불안했다. 그럴 때면 친구들과 어울려 술을 마셨고 그러면 한결 나아졌다. 술이 일종의 치료제인 셈이었다.

Chapter 02

우리 사람같이 살자 알긋제?

포장마차

군대 생활을 마칠 때쯤에는 형들이 돈을 벌고 있어서 집안 형편이 그나마 밥을 굶을 정도는 아니었다. 그래도 집에서 놀고먹을 수는 없었고 그러고 싶은 생각도 전혀 없었다. 군대 가기 전에 했던 손수레 장사에서 한 단계 급을 올려 작은 포장마차를 열었다. 달리 마땅한 일도 없었거니와 어느 정도 익숙한 일이었고 나름 잘해낼 자신도 있었다. 그리고 내 포장마차 경쟁력의 원천이자 배경인 어머니의 손맛과 훈수도 자신감을 갖게 만든 중요한 요소였다.

돼지 갈비 양념 만드는 것, 남는 돈이 적더라도 좋은 재료를 써야 한다는 생각들이 모두 어머니의 손과 마음에서 나왔다. 덕분에 날이 갈수록 찾는 손님이 늘었고 '그 집(포장마차) 맛있더라'는 평판도 얻었다. 그리고 나의 아내, 영원한 내 동반자를 만났다.

사실 먹고살기 바빠 그때까지 연애니 사랑이니 하는 것들에 대해 깊이 생각해 본 적도 없었다. 하지만 아내를 처음 본 순간, 한눈에 반해 정말 일방적으로 쫓아다녀 결혼까지 하게 되었다. 그건 내 인생 최고의 성공작이자 살면서 내가 가장 잘한 일이 되었다.

연애편지 쓸 때 우리 형이 도와준 일도 생각이 나고 꽤 오랫동안 사귀고도 결혼할 때 처가의 반대로 애를 먹었던 것도 기억난다. 사실 내가 부모라 해도 나 같은 사위 안 보려고 했을 거다. 우리 엄마가 들으면 혼날 소리일지 몰라도 우리 처는 나와는 다르게 정말 훌륭한 사람이고 내겐 하늘이 내려준 최고의 선물 같은 존재다.

난 연애 할 때 모든 걸 있는 그대로 이야기했다. 단, 고문과 관련된 이야기는 차마 하지 못했다. 하지만 아내는 내 처지와 형편을 뻔히 알면서도 내 마음을 받아줬고, 결혼하고 나서는 남편이 하는 포장마차를 함께 하겠다고 따라 나섰다.

아내와 함께하는 장사는 혼자 할 때보다 훨씬 더 잘 되었다. 매상이 오르고 단골손님은 늘어가니 절로 신이 났다. 그런데 한 가지 골칫거리가 있었다. 걸핏하면 동네 깡패들이 찾아와 자릿세 명목으로 매번 힘들게 번 돈을 뜯어갔다. 돈이 아깝기도 했지만, 속에서 울화가 치밀어 올랐다. 옆에 아내도 있고 해서 꾹꾹 눌러 참고 있었는데, 어느 날 결국 폭발하고 말았다.

어김없이 포장마차에 찾아와 돈을 달라고 하는 깡패들을 향해 나는 맨손으로 유리컵을 잡아 으스러뜨렸다. 손에서 피가 뚝뚝 흘렀다. 그리고 나지막이 깡패에게 한마디 했다.

"한 번만 더 오면 니 죽고 내 죽는다."

그때 내 모습이 어땠는지는 잘 모르겠다. 어쨌든 그 후로 그들은 다시 찾아오지 않았다.

불법엔 대가가 따른다

포장마차는 그럭저럭 별다른 일 없이 장사가 잘 되었고, 그 무렵 첫 아이가 태어났다. 아들이었다. 이름을 동진이라고 짓고 매일매일 불러주었다. 아이의 해맑은 모습을 보고 있으면 세상을 다 가진 것처럼 행복했다. 그리고 한편으로는 아버지가 되었다는 책임감에 어깨가 무거워졌다. 얼마 뒤 둘째 형님에게 연락이 왔다.

"창민아, 이제 아빠가 됐으니 좀 더 규칙적인 일이 안 좋겠나? 나하고 일하는 건 어떻노?"

그때 마침 형은 페인트 대리점을 열고 직원을 구하던 중이었다. 나는 형의 가게에서 일하면 가족과 더 많은 시간을 보낼 수 있을 것 같아 흔쾌히 승낙했다.

형의 가게에 취직한 후 처음에는 배달을 했다. 시간이 지나면서

도장기술도 배웠다. 일은 규칙적이었지만, 단 하나 월급이 적은 게 아쉬웠다.

그러던 어느 날, 돈을 많이 벌 수 있는 방법을 발견했다. 페인트 재료를 섞으면 가짜 휘발유를 만들 수 있다는 사실을 알아낸 것이다. 월급에 만족하지 못했던 나는 가짜 휘발유를 만들어 부수입을 벌기로 작정했다. 만드는 법은 의외로 간단하다. 진짜 휘발유에 톨루엔 등 몇 가지 물질을 혼합하면 쉽게 만들 수 있었다. 낮에 휘발유를 사다 놨다가 늦은 밤 몰래 만들어서 팔았다. 톨루엔 냄새를 오래 맡으면 머리가 아팠지만, 목돈을 쥘 수 있다는 생각에 참고 만들었다. 죄책감도 수중에 돈이 들어오면 잊을 수 있었다.

한창 가욋벌이에 재미를 붙이던 어느 겨울날이었다. 경남 합천에서 휘발유를 보내달라는 주문을 받고 밤늦게 가게에서 재료를 섞는 작업을 하고 있었다. 그런데 갑자기 펑하는 큰소리와 함께 폭발이 일어났다. 혼합기의 손잡이를 정신없이 돌려대다 보니 옷에서 정전기가 발생했고, 그것이 인화성 물질에 붙어 순식간에 폭발이 일어난 것이었다. 나는 본능적으로 몸을 피했지만, 얼굴에 화상을 입게 되었다. 근처에 모래야적장이 있는데 그곳에서 폭발 소리를 듣고 달려온 사람들이 급히 불을 진화해준 덕분에 큰 화재로 이어지지 않았다.

화상으로 병원에 실려 왔고, 졸지에 화상 환자가 되었다. 어머니와 아내가 소식을 듣고 병원으로 달려왔다. 처음에 두 사람은 나를 알아보지 못했다. 중화상을 입어서 얼굴에 붕대를 칭칭 감고 있었기 때문이었다. 간신히 나를 알아본 어머니가 병실에서 통곡하셨다. 나는 가족을 볼 면목이 없어서 눈을 감았다.

그러면서도 한편으로 나는 '가족을 먹여 살리려고 한 짓이다, 난 단지 운이 없었을 뿐이야…'라는 생각을 하며 스스로를 합리화 시키고 있었다. 자기 합리화는 불법으로 돈을 쉽게 버는 것만큼이나 달콤한 유혹이었다.

자랑스러운 일도 아닌데 이 사실을 말하는 이유는 바로, 불법의 달콤함과 여기에 따르는 대가에 대해서 말하고 싶어서다. 흔히 TV에서 돈이나 권력에 대한 욕심 때문에 사람들이 불법을 저지르는 이유를 보면, 그것이 자신의 욕망을 가장 빠르고 쉽게 성취할 수 있는 방법이라고 착각하고 있기 때문이다. 그래서 불법의 유혹은 달콤하다.

불법의 대가는 법 또는 도덕의 심판이 정하는 것이 아니다. 불법이 목표를 이루는 가장 쉬운 길처럼 보여도 그것은 스스로의 양심을 저버리는 짓으로 반드시 대가가 따른다는 것을 알아야 한다. 나 역시 그 대가를 치른 것이라고 생각한다.

부동액 사업

지금은 인공빙벽으로 유명한 경북 의성군 도리원이 나의 처가가 있는 곳이다.

도리원 다리 밑, 꽁꽁 얼어붙은 냇가 위에서 우리 처와 둘이서 시 겟또(나무 썰매)를 타고 놀던 기억이 난다. 지금은 돌아가셨지만, 장인어른은 늘 내 마음속에 살아계시는 자상한 분이셨다.

페인트 배달 일을 그만둔 그해 겨울, 처갓집을 갔더니 어찌나 춥던지 대구날씨는 비할 바도 못되었다. 혹시라도 사위가 추울까 봐 장인어른과 장모님은 우리에게 당신들이 쓰시던 안채에서 자라고 하셨다. 하지만 그 고마운 마음을 알면서도 난 극구 사양하며 아래채에서 잤다. 죄송스럽기도 했지만, 그보다는 마음대로 담배를 피울 수 없다는 이유가 더 컸다. 그런 철없는 사위를 위해 장인어른은 춥지 말라고 새벽녘 우리가 자는 방에 장작을 한 번 더 지펴 주셨다. 그리고 몇 해 뒤 겨울, 다시 처갓집을 갔는데 이번엔 아무리 사양을 해도 소용이 없었다. 무조건 안채에서 자라고 하시는 거였다. 이유를 알고 보니 새로 들인 연탄보일러가 추운 날씨 탓에 얼어서 터져버린 것이었다.

연탄보일러를 들이는 일도 돈이 많이 들지만 고치는 데도 만만찮은 비용이 들던 시절이었다. 순간, 머릿속에서 화물차 조수를 하던 때가 생각나면서 뭔가가 번쩍하고 지나갔다.

'그래, 자동차에만 부동액이 들어가야 하나? 연탄보일러도…'

대구로 돌아와서 곧장 보일러 부동액 만드는 일에 착수했다.

자동차 부동액에 들어가는 원료를 구해와 다시 배합해 보고 연탄보일러에 응용하는 방법을 고안했다. 일은 순식간에 진행되었고, 만들어진 부동액은 아쉬운 대로 냉장고에 넣어두고 어는지 안 어는지를 실험했다. 실험결과는 성공적이었다.

본격적으로 부동액 장사를 시작하려고 했다. 거창하게 공장을 차릴 형편이 되지 않으니 무허가 폐가에 살던 당시 집 옆에 있던 천막을 무허가 공장으로 꾸몄다. 상호를 첫째 아들의 이름을 따 '동진특수화학공업사'로 짓고 간판을 내걸었다.

아내는 역겨운 용액냄새 때문에 자주 구역질을 하면서도 공장장으로 또 사원으로 일인 다역을 묵묵히 해냈다. 난 부지런히 만들고 또 팔러 다녔다. 주문이 들어오면 어디든 달려갔고 덕분에 판매처도 차츰 전국으로 확산되었다. 그리고 몇 달 후 정말 대박이 났다. 물건은 없어서 못 팔 지경이었고 무엇보다 들어오는 돈의 단위가 이전에 포장마차 할 때와는 차원이 달랐다. 어떤 때는 한 이틀 버는 돈이 집 한 채 값과 맞먹을 정도였다.

돈이 없어 중학교에 못 갔고, 가난해서 남들 다 소풍날 비 올까봐 걱정할 때 난 제발 비 좀 오라고 빌었으며, 가난하고 못 배웠다고 죄도 없이 끌려가 고문까지 당했다. 끝도 안 보이던 긴 가난의 터널에서 벗어나는 순간이었다. 하루 자고 나면 돈이 들어오고 또 하루 자고 나면 더 큰돈이 들어왔다. 당시 13평 아파트가 450만 원이었는데, 내가 일주일에 버는 돈이 그 정도였다. 내가 꿈꾸던 부자란 바로 그런 거였다. 어차피 내일이면 또 들어을 돈, 나도 하고 싶은 거 하고 쓰고 싶은 거 쓰면서 살아 보고 싶다는 충동이 밀려 왔다.

조금씩 난 착실한 포장마차 청년에서 젊은 나이에 성공해 돈 잘 벌고 돈 잘 쓰는 김 사장이 되어 갔다.

부동액 제조 공장 시절. 내겐 세상에서 가장 소중한 사진이다. (우측에 우리 집 사람)

사업 확장 그리고 한 통의 전화

내친김에 사업영역을 확장했다.

그 당시는 모노륨이 바닥재로 막 인기를 끌고 있을 때였다. 기존의 바닥재는 바닥에 종이를 바르고 니스 칠을 해야 하는 번거로움이 있었다. 그런데 모노륨은 기존의 단점을 보완했을 뿐만 아니라, 폭신폭신하고 반질반질한데다 색깔까지 고왔다. 다만 그 모노륨에도 단 한 가지 흠이 있었다. 바로 틈새에 때가 잘 낀다는 것이다. 그래서 모노륨으로 바닥을 깐 집은 한 달에 한두 번은 세제로 닦아줘야 깨끗한 상태를 유지할 수 있었다. 그리고 그 세제가 바로 모노륨 왁스였다.

돈이 될 것 같다는 생각에 관련 업종에 종사하는 서울의 사촌 매형을 찾아가 모노륨 왁스 원액 제조 방법을 배운 후, 경화제를 많이 넣어 왁스가 빨리 마르게 하는 나만의 모노륨 왁스를 개발했다. 그렇게 시작한 왁스 사업도 얼마 안 가 궤도에 올랐다. 부동액과 왁스 주문을 다 감당해 내려면 봉고차 3대를 돌려도 모자랄 지경이었다. 그야말로 돈방석에 올라앉았다.

수중에 돈도 있겠다. 좋은 술집들을 찾아다니며 마음껏 마시고 즐기기 시작했다. 가끔씩 떠오르는 고문의 고통을 뿌리치는데도 술은 안성맞춤이었다. 친구들 불러서 호기도 부렸고 거래처 사장들에게 인심도 팍팍 썼다. 다들 나를 좋아하는 것 같았다. 내 말이면 무조건 옳다고 했다.

　그 무렵 아내가 나를 처음으로 불안한 눈으로 바라보기 시작했다. 하지만 나는 아내의 그 눈길을 외면했다. 돈 잘 벌면 다 해결되는데 걱정할 게 없다고 여겼다. 가게 문을 닫지 않는 이상 장사는 끝없이 잘 될 거고 난 즐기기만 하면 될 일이었다. 그런데 왁스 사업을 시작한 그해 가을, 처음으로 부동액 매출이 떨어졌다. 겨울이 시작될 무렵인데도 주문이 작년처럼 들어오지 않았다. 그래도 대수롭지 않게 여겼다. 내가 눈감고 있는 사이에 시장은 이미 빠르게 바뀌고 있었다. 기름보일러라는 획기적인 방식이 무서운 속도로 보급되기 시작한 것이다.

　버튼 하나만 누르면 다 되는 기름보일러에 비해 연탄보일러는 처음부터 경쟁상대가 되지 못했다. 여유 있는 집부터 앞 다투어 연탄보일러를 버렸고, 주 거래처 중 하나인 학교나 관공서의 관사들도 연탄보일러를 기름보일러로 교체하기 시작했다. 하지만 그런 시장의 변화를 보면서도 난 크게 불안해하지 않았다. 부동액이 좀 덜 팔리더라도 나에겐 그걸 보충하고도 남을 만큼 돈을 벌어줄 모노룸 왁스가 있기 때문이었다. 괜히 기죽을 필요도 없고 그제 와서 기죽고 싶지도 않았다.

　어느 날 아침, 한 친구로부터 전화가 왔다.

"창민아! 아까 니 목소리 라디오에 나오더라."

"응? 그게 무슨 말이고?"

당시 대구경북 지역에서 방송되던 꽤 영향력 있는 라디오 시사 프로그램이 있었다. 그 프로그램에서 불량 모노륨 왁스를 고발하는 내용을 방송하는 도중에 내 목소리가 나왔다는 것이었다.

순간, 며칠 전 방송국에서 걸려온 전화가 떠올랐다.

원래부터 직설적인 데다 수중에 돈까지 있었으니 난 거침없이 말을 했다. 정말 아무 생각도 없이 입에서 나오는 대로 떠들었다.

"우리가 만드는 왁스는 빨리 마르는데, 그 이유가 경화제를 어떻게 써서 그렇다…" 등등

그때 '딸깍' 하는 소리가 전화기 너머로 들려왔다. 친구의 전화를 받고서야 그 소리가 내 말을 녹음하기 위해 버튼을 누르는 소리였다는 걸 알아챘다. 우리 회사 왁스를 바르면 얼마 안 가 칠한 곳이 일어난다고 누군가 제보를 했고, 방송국에서 취재한 것이었다.

방송의 힘은 무서웠다. 하루아침에 나는 악덕 업자가 되었다. 변명할 여지조차 없었다. 가격이 싸다는 이유만으로 실험도 안 해본 경화제를 사용한 건 사실이었으니까. 사방에서 항의가 들어오고 반품을 요구하는 거래처의 전화가 빗발쳤다. 전화기를 붙들고 사정도 하고 해명도 해봤지만 달라지는 건 없었다. 일단 환불을 해달라는 대로 돈을 다 돌려주었다. 그러다 보니 돈이 나가고 또 나가도 끝이 없었다.

결국, 방송이 나간 지 20일이 채 안 돼 왁스 사업을 접어야 했다. 창고에는 외상으로 들여온 부동액과 왁스 원료가 가득했다. 순식간에 사업을 말아먹었고 '잘나가는 김 사장'의 한 때는 일장춘몽으로 끝이 났다. 누구를 원망할 것도 뭐라 변명할 것도 없었다.

모든 게 다 내 탓이었다.

사람같이 사는 일

가게 문을 닫았지만 정작 진짜로 힘든 상황은 그때부터가 시작이었다. 거래처에 갚아야 할 돈은 태산 같은데 그동안 잘 번다고 쓰고 앞으로 벌 거 생각해서 또 쓰다 보니 수중에 가진 돈이 별로 없었다.

막막했다. 갑자기 닥친 상황을 받아들이기가 너무 힘들었다. 무엇보다 다시 가난한 생활로 돌아가는 건 생각만 해도 끔찍한 일이었다. 빚 독촉에 시달리며 몇 날 며칠을 숨어 다녔다. 하지만 그건 사람이 할 짓이 못 되었다. 모든 게 내 잘못이고 멱살을 잡히든 맞아 죽든 내가 책임져야 할 일이었다.

집과 자동차, 재고 등 돈이 될 만한 것들을 남김없이 모아 목록을 만든 후 거래처에 기별을 넣어 채권자들을 가게로 오시라고 했다. 빚잔치를 하기 위해 모두 부른 것이다.

"여러 사장님들. 그간에 좋은 거래를 하다 이런 처지가 돼 정말 미안심더. 도망치고 싶어도 도리가 아니다 싶어 못했습니다. 제가 잘못했으니 제가 책임을 지는 게 맞지예. 그기 사람이지예… 여기 목록에 적힌 것들이 제가 가진 거 전붑니더. 처분만 기다리겠습니다. 정말로 죄송합니더."

참으려 애써도 자꾸만 눈물이 흘렀다. 예닐곱 명의 채권자들이 재산 목록을 하나하나 살펴보고 확인을 했다. 하지만 가진 모든 것을 탈탈 털었음에도 빚을 다 갚기에는 금액이 모자랐다.

자산 내역을 확인한 채권자들의 낯빛이 점점 굳어갔다. 드디어 올 것이 왔구나 하고 눈을 찔끔 감고 있는데 순간, 낮고 점잖은 목소리가 귀에 들렸다.

"자자 내 말 좀 들어보이소…."

그분은 부산에서 오신 거래처 사장님이었고 연세가 가장 많았을 뿐만 아니라 내게 받아야 할 돈도 제일 많은 분이었다. 그분이 나서서 현실적으로 다른 방법이 없음을 차분하게 설득하자 나머지 채권자들도 하나 둘 씩 수긍했다. 7명 전원 합의하에 모든 채권과 채무를 정리하기로 했다. 그러나 나는 신용불량자가 되지는 않았다. 가계수표 3,500여만 원을 회수했기 때문이다.

빈털터리가 되었지만, 마음은 홀가분했다. 하지만 그건 아주 잠깐뿐이었다. 다 내놓고 나니 남은 거라고는 배달할 때 쓰던 낡은 화물차 한 대가 다였고 집도 가게도 그 순간부터 내 것이 아니었다. 그러니 당장 식구들 데리고 어디든 가야 하건만 막상 갈 곳이 아무 데도 없었다. 그건 이전에 겪었던 것과는 완전히 다른 막막함이었다. 식구들이 딸려 있으니 막막하다 못해 무섭기까지 했다.

그때 어찌할 바를 몰라 넋이 나간 듯 멍하니 서 있는 내 옆구리를 누군가가 '쿡' 하고 찔렀다. 고개를 돌려보니 그 부산 사장님이 빙긋이 웃음을 지으시며 나에게 말을 건넸다. 꽤 오랜 세월이 흘렀지만 지금도 그 사장님의 말씀이 생생하게 기억난다.

"와? 갈 곳이 없나? 그래도 어디든 가긴 가야지, 그래야 살지. 이거 얼마 안 되지만 여비도 하고 배고프면 밥도 사 묵고… 기죽지 말고 지금보다 더 열심히 살면 살아지는 게 인생인기라.

세상에는 다 같은 사람으로 태어나도 사람 같은 사람이 또 따로 있는 기라. 내가 주는 이거 사람같이 살아 보라꼬 자네에게 보태주는 여비라 생각하고 고맙거든 열심히 해서 나중에 갚으면 되는 기고 그때 나를 못 만나면 더 어려운 사람한테 지금 같이 해주면 된다. 그라머 빚은 탕감되는 기라… 사람으로 태어나서 사람으로 살아가는 거, 그거 쉬운 것 같지만 참 어렵다. 힘들지만 내가 가진 거 쪼금씩 더 손해 보는 마음, 그기 사람 같은 사람인기라. 내가 아프면 남도 아프다. 맞다. 그 말이 맞다. 하지만 내가 즈금 더 손해 보면 내보다 더 아픈 사람 살아갈 방도가 생기는 기라. 우짜던지 용기 잃지 말고 이 악물고 살아봐야 하는 기라. 먼 훗날 우리가 다시 만날지 어떨지는 모르겠지만, 혹시 만나지 못하더라도 지금 이 순간 잊어버리지 말고 살면 고마 되는기라… 우리 사람같이 살자! 알긋제?"

그때 그 사장님의 말씀은 통째로 내 인생의 좌우명이 되었다.

목숨보다 소중한

하루아침에 모든 것을 잃어버렸고 남은 것이라고는 부산 사장님이 주신 50만원과 낡은 화물차 한 대가 전부였다.

어머니와 처, 아들 동진이까지 식구들을 태우고 운전대를 잡았다. 시베리아보다 더 추운 허허벌판에 혼자 선 기분이었다. 오라는 곳도 갈 곳도 없는 절망감이 바윗돌처럼 가슴을 찍어 눌렀다. 잠시 멍하니 있다가 어디든 가는 데까지 가보기로 하고 무작정 남쪽으로 차를 몰았다.

해 질 녘, 그렇게 출발한 트럭은 어둑어둑한 거리들을 지나 밤새 달리고 또 달렸다. 말없이 운전만 하는 내가 무서웠는지 아니면 가장에 대한 막연한 믿음 때문이었는지는 잘 모르겠다. 우리 처와 아들 동진이, 그리고 어머니까지 가끔 나를 바라보기만 할 뿐 모두가 말이 없었다.

 창원을 거쳐 진해 고개 너머 천자봉에 다다를 즈음 다시 날이 밝아오고 있었다. 그런데 해가 뜨는 게 그렇게 무서울 줄은 몰랐다.

 '아침이 오면 사람들이 깨어나 움직인다. 다들 갈 곳이 있다. 그런데 가장인 난 지금 식구들 데리고 갈 곳이 없다. 무엇을 어떻게 해야 할지도 모르겠다.'

 막막한 심정에 일단 차를 세워놓고 보니 길을 따라 노랗게 개나리가 피어있었다. 가까이 가서 보니 아침 햇살을 받은 그 개나리꽃이 얼마나 예쁘던지, 정말 이상하게 들릴지 모르겠지만 개나리꽃이 너무 예뻐서 눈물이 났다.

 저 만치서 떨어진 곳에서는 어린 동진이가 마냥 즐거운 표정으로 놀고 있었다. 눈물을 훔치고 차에서 신줏단지처럼 가지고 다니던 카메라를 꺼내와 그 모습을 사진으로 담았다.

 '그래, 내겐 아들이 있다. 이 모습을 잊지 말자… 내 목숨보다 소중한 아들! 난 다시 시작해야 한다.'

 차를 돌려 대구로 돌아왔다. 그리고 선배가 사놓고 버려둔 집, 대구 산격동 서당골 꼭대기에 있던 폐가 같은 곳에 여장을 풀었다. 집을 사놓고 방치를 해놓은 탓에 동네 주민들이 흉물스럽다고 민원을 제기했다고 하니, 때마침 들어가서 살겠다고 하는 내가 선배

입장에선 걱정 반 반가움 반이었을 것이다. 그런데 이게 말이 집이지 집이라고 하기에도 좀 민망할 정도였다. 천장이고 벽이고 뭐하나 제대로 버티고 있는 게 없었다. 벽에다 문을 맞추나 문짝에다 벽을 맞추나 별 차이가 없을 정도였으니 우선 비바람이라도 피하려면 뭔가 조치를 해야 했다.

우선 시장에 나가 집수리에 필요한 자재를 사왔다. 하나둘씩 뚝딱거리며 천장과 벽을 만들어 가기 시작했다. 하지만 그렇게 비바람을 막아내는 사이, 다시 또 끼니 걱정의 어두운 그림자가 성큼성큼 다가오고 있었다.

세상대학교 눈치학과

다시 사업을 시작해 보려 해도 뜻대로 되지를 않았다.

놀던 물에 가서 노는 게 아무래도 빠를 것 같았고 어떻게든 다시 돈 잘 버는 시절로 돌아가고 싶었지만 이미 거기엔 내 자리가 없었다. 알던 거래처라 한들 내게 물건을 내주려 하지 않았고, 수중에 돈이 떨어지고 나니 나를 대하는 사람들의 태도도 예전 같지 않았다.

내 초등학교 친구들은 나를 '우울한 모습의 말이 없던 키 큰아이 김창민'으로 기억하고 있다고 한다. 그만큼 가난이라는 것은 장난기 많고 쾌활했던 어린아이의 성격마저 가려버릴 정도로 사람의 마음에 벽을 쳐버린다.

난 가지 말아야 할 곳에 가서 눈치 없이 돌아다녔던 거였다. 스스로 일찌감치 세상대학교 인생대학 눈치학과에서 조기교육 받았다고 자부해오던 터라 더 부끄러웠다. 사람들이 나를 비웃는 것 같았다.

어릴 적 가난이 부끄러워 그랬듯이 다시 마음을 닫았다. 누구도 만나고 싶지 않았다. 당장 재기는 힘들고 먹고는 살아야 하는데 일보다는 술을 찾는 날이 늘어갔다. 마음속의 불안과 공포는 갈수록 커지고 급기야 우울증에 불면증까지 겹쳐 잠을 잘 수가 없었다. 가진 돈은 바닥나고 몸과 마음은 더 힘들어지는 악순환이 이어졌다. 한 일주일쯤 못 자면 정말 미치기 일보 직전까지 내몰린다.

어느 날, 몸을 지치게 만들면 효과가 있을까 싶어 무작정 길을 걷고 있는데 '신홍식 신경 정신과'라는 병원간판이 눈에 들어왔다. 그때까지만 해도 신경 정신과는 미친 사람이나 정말 이상한 사람이 가는 곳으로 여기고 있었다. 하지만 벼랑 끝에 매달린 다급함과 절박함은 그런 오해와 편견마저 뛰어넘게 했다.

지푸라기라도 잡고 싶은 심정에 병원 안으로 뛰어 들어가자마자 다짜고짜 의사선생님을 만나게 해달라고 부탁을 했다. 박사님은 내 얼굴을 보더니 곧바로 진료와 상담을 시작했다.

태어나서 처음으로 미칠 것 같은 심정을 털어놓았다. 책상 위에 있던 각 티슈를 뽑아 흐르는 눈물을 닦아가며 고문당했던 이야기도 했다.

신 박사님은 눈물로 범벅된 내 이야기를 다 듣고는 몇 가지 더 진료한 뒤에 '외상 후 스트레스 증후군'이라는 진단을 내렸다. 그리고 지금까진 그냥 정신력으로 버티고 참아낸 것이었으나 이제부터라도 꾸준히 병원에 다니며 치료를 받아야 한다는 설명을 덧붙였다. '외상 후 스트레스 증후군' 생전 듣도 보도 못한 어려운 말이었을 뿐만 아니라 호주머니엔 돈 한 푼 없었던지라 당장 그날 치료비도 낼 수가 없었다.

어쩔 줄 몰라 하는 나에게 신 박사님은 "치료비를 내지 않아도 괜찮으니 약이 떨어지면 꼭 다시 찾아와야 한다."며 신신당부를 한 후 나를 돌려보냈다. 지금까지 내 병을 돌봐 주시는 신 박사님과의 첫 만남은 그렇게 시작됐다.

그날 밤, 집으로 돌아온 나는 병원에서 받아온 약을 먹고 세상 모든 걸 잊고 잠에 빠졌다. 아무 걱정 없이 평온하게 사흘을 내리자고 깨어났을 때의 그 순간을 잊을 수가 없다. 내 평생 그토록 기뻤던 때는 그전에도 없었고 이후에도 다시없을 만큼 좋았다.

마치 새로 태어난 것 같았고, 정말 정말 행복했다.

무엇과도 바꿀 수 없는 것

약을 먹고 술을 줄이면서 몸과 마음이 좀 나아졌다.

지난 일은 다 잊고 새롭게 시작하고 싶었다. 배운 게 도둑질이라고 그렇게 구한 일이 페인트칠이었다. 낡은 버스 정류장을 돌며 칠이 벗겨진 곳을 골라 보수작업을 했는데 열심히만 하면 그런대로 돈벌이가 되는 일이었다. 일의 성격상 조수가 필요했다. 한 푼이라도 더 벌어본다고 아내가 조수를 해주었다.

페인트칠을 하러 나간 첫날을 나는 잊을 수가 없다. 경주 불국사 근처의 버스 승강장이 첫 작업장이었다. 승강장에 사다리를 놓고 올라가 칠을 하는데 손이 떨렸다. 수전증이 온 것이다. 더 이상 작업을 진행할 수 없어서 중단하고 아래를 내려다보았다. 몸뻬 차림의 젊은 아낙이 머리에 수건을 뒤집어쓰고, 쪼그리고 앉아 승강장 아랫부분을 칠하고 있었다. 순간 슬픔이 밀려왔다. 어쩌다 내가 이 지경이 되어 칠하나 하지 못하는가, 왜 저 여자를 저렇게 고생시키고 있나 하는 자괴감에 온몸이 떨려왔다. 사다리에서 내려와 아내를 안아주었다. 눈물이 쏟아졌다. 슬픔을 꾹 누르고 묵묵히 일하던 아내도 덩달아 눈물을 흘렸다.

수전증은 오래도록 계속되었다. 그래도 페인트 일을 포기하지 않았다. 머리에 수건을 쓰고 페인트칠하고 있는 아내의 모습이 눈에 들어올 때마다 가슴이 아프도록 미안했지만, 그래도 다시 시작하려면 돈을 벌어야 했고 열심히 해서 한 푼이라도 더 모아야 했다. 그러다 보니 두 아들을 살뜰히 챙기고 보살필 겨를이 없었다.

나는 아버지가 떠올랐다. 빈손으로 시작해 사업을 일으키신 아버지는 늘 단정하게 양복을 입으신 멋진 모습으로 내 기억 속에 남아 있다. 사업하시느라 많이 바쁘셨을 텐데도 아버지께서는 자식들을 데리고 자주 금호강으로 천렵을 가셨다. 매운탕이 끓는 동안 우리 형제들을 목말 태우고 흥에 겨워 노래를 부르시곤 하셨던 아버지, 우리 아버지는 그런 분이셨다. 그런데 난 지금 우리 아들들에게 어떤 아버지인가?

우리 아버지처럼 양복이 아니라, 페인트 묻은 작업복을 입고 있는 아버지의 모습까진 그렇다 쳐도 내 목숨보다 더 소중하다고 말하면서도 두 아들에게 제대로 아버지 노릇을 한 게 뭐 있나 하는 생각이 들 때면 가슴 깊은 곳에서 자괴감과 절망감이 밀려왔다. 그건 사업을 망해 먹고 겪는 아픔이나 좌절감과 차원이 달랐다. 저 밑바닥에서 솟아나는 끝도 없이 시린 아픔이었다. 그리고 동시에 이를 악물게 하고 나 자신에게 스스로 채찍질을 가하게 하는 힘이기도 했다.

하루는 아이들에게 뭐라도 해주고 싶은 마음에 길에서 주워온 나무토막들로 시소를 만들었다. 아이들이 어찌나 좋아하던지… 지금도 눈에 선하다.

아이들을 위해 만든 시소

그날 난 기뻐하는 아이들의 모습을 보면서 그 무엇으로도 얻을 수 없는 세상에서 가장 큰 위로와 용기를 얻었다.

어머니의 말씀

한 푼이라도 돈을 더 모아야 했다. 열심히 페인트칠을 했고 그렇게 2년이 흘렀다.

아이들에게 더 좋은 아버지, 곱게 자라놓고 시집와서 고생만 하는 아내에게 덜 미안한 남편, 자식 걱정에 시름을 못 놓는 우리 어

머니에게 더 좋은 아들이 되어야 했고 그러려면 뭔가를 '더' 해야
했다. 그리고 그때 어머니가 말씀하셨다.

"보래. 창민아. 우리 맨 날 끼니 해결한다꼬 이래 난리 치지 말고
차라리 끼니를 만들어서 사람들에게 팔기도 하고 남으면 우리가
묵고 그라는 거 한번 해보자."

 망설일 것도 없었다. 포장마차 할 때부터 음식을 만들어 파는 일
은 늘 마음이 끌렸다. 그리고 무엇보다 어머니 말씀대로 최소한 밥
은 안 굶을 것 아닌가?

 내 식당인생의 시작, 솔밭식당은 어머니의 말 한마디에서 출발했
다. 2년간 페인트칠하여 모은 돈으로 대구 대신동에 가게를 얻었
다. 상호는 '솔밭식당'으로 지어 간판을 올리고 식당을 열었다. 그
냥 한식 또는 분식으로 정해 놓고 이것저것 팔기보다는 한 가지 메
뉴를 좀 특색 있게 해보자는 어머니의 말씀을 따라 주메뉴를 고디
탕(다슬기탕)으로 정했다.

 가진 돈 탈탈 털어서 식당을 열었건만 하루 종일 손님 구경하기
가 힘들었다. 그도 그럴 것이 그 당시의 상식으로 식당은 당연히 1
층에 있어야 함에도 딱 한 사람도 겨우 올라갈 만큼 좁디좁은 통로
로 계단을 올라가야 나오는 2층에다 식당을 열어놨으니 사람들이
쉽게 찾아올 거라 기대하는 것 자체가 무리였다.

 속이 타들어 갔다. 어떻게 문을 연 식당인데 일단은 사람들에게

솥밭식당이 있다는 것부터 알려야 했다. 선택의 여지가 없는 일이 었다. 솥밭식당 스티커를 만들어서 인근 건물부터 담벼락, 전봇대, 심지어 화장실까지 틈날 때마다 온 동네에 붙이고 다녔다.

새벽에 일어나 시장보고 음식 만들고 서빙하고 스티커 붙이고 청소하다 보면 잠잘 시간도 부족했다. 하지만 잠이 부족한지, 피곤한지, 느낄만한 겨를도 없었다. 그렇게 눈코 뜰 새 없이 뛰어다녔고, 시간이 흐를수록 조금씩 좋은 조짐이 나타났다. 드디어 얼마 후 그날 준비한 음식을 다 팔고도 모자랄 정도로 손님이 몰려들었다. 정말 다행스럽게도 개업한 지 불과 몇 달 만에 솥밭식당은 자리를 잡았고, 맛있는 식당으로 인근에 소문이 났다.

당시 손님들한테서 자주 들었던 말 중에서 가장 기분 좋은 대목이 있다.

"이 집 밥맛은 어딘가 모르게 사람을 끌리게 한단 말이야."

지친 몸을 이끌고 장을 보러 가는 나에게 어머니가 한 말씀 하셨다.

"보래 창민아 사람이 지가 묵을 거 쌓아 둔다 해도 그거 자기 꺼 아이다. 우리가 안 겪었나? 우리가 서문시장에서 그렇게 큰 도매상 하다가 갑자기 불이 나서 쫄딱 망해서 오갈 때 없을 때에 그래도 주위 사람들이 십시일반으로 도와주기도 했고, 없는 땟거리 만들어 준 덕분으로 우리가 사는 거 아이가. 인자는 우리 이렇게 하자. 세상을 살다가 배가 고파서 닥치는 서러운, 그래서 인간 대접

못 받는 서러움 우리가 당해 봤다 아이가? 그러니까 오늘 보는 시장부터 평상시 보다 쪼매 더 많이 봐가지고 오너라. 알긋제?"

'나눔의 음식'은 그렇게 시작했고, 금세 입소문을 타고 퍼져 나갔다. 그런데 생각지도 못한 문제가 생겼다. 돈을 내고 밥을 먹으러 오는 사람들이 불쾌하게 생각해서 영업에 지장받을 정도가 되어버린 것이다. 돈 내고 밥 먹는 사람들과 돈 안 내고 밥을 먹는 사람끼리 서로 보이지 않는 서먹함이 생기는 것을 보고 어머니는 다시 내게 말했다.

"보래 창민아. 이거 안 되겠다. 저렇게 사람들이 서로 눈치를 보니 쳐다보는 우리도 마음이 영 편치않다. 우리 이러지 말고 언제 날을 정해가 마음 편하게 먹을 수 있도록 하자. 그래가지고 먹는 사람 당당하게 밥 묵고 힘내가 살아가도록 하자. 그게 안 좋겠나?"

지금까지도 그렇고 앞으로도 늘 어머니의 말씀을 지키며 살아가려 한다. 그런데 소문을 타고 언론사를 비롯해 여기저기서 찾아와 들통이 나버렸다. 처음엔 정말 딱 걸린 기분이었다. 그 후로부터는 뭘 해도 영 개운하지가 않았다. 몰래 해야 제 맛인데 그게 사라졌다.

PART 02 '금산'표
삼계탕

시황제도, 루이 13세도 울고 간 금산삼계탕

들안길 식당

200여 개가 넘는 식당이 2km에 달하는 길 양편으로 자리 한 곳, 대구의 수성못 '들안길'은 식당거리로서는 세계 어디를 가도 찾아보기 힘든 규모와 내용을 자랑한다.

대구에서 택시를 타거나 길을 물으면 들안길은 모르는 사람이 없을 만큼 잘 알려져 있다. 하지만 들안길이 초행이라면, 또는 내가 가려는 식당이 처음 가는 곳이라면 그 많은 식당 중에 어디쯤 있는지 찾아내는데 애를 먹게 된다. 그럴 때 금산삼계탕은 종종 길을 찾는 기준점이 되기도 한다. 그만큼 유명하다는 자랑으로 들릴 수도 있겠지만, 그것보다는 금산삼계탕이 들안길에서 크고 오래된 식당 중의 하나라는 걸 이야기하고 싶다.

금산삼계탕을 개업한 이래로 수성못 들안길이 지금에까지 이르는 그 변천 과정을 빠짐없이 지켜봐 왔다. 예전, 그러니까 내가 식당을 차리겠다고 나설 때만 해도 들안길은 논밭 사이로 띄엄띄엄 공장과 집이 보이던 그냥 휑한 길이었다. 이상화 선생의 시 '빼앗긴 들에도 봄은 오는가?'에 나오는 그 '빼앗긴 들'의 안쪽 길이란 특별한 의미에도, 사람들은 크게 관심을 두지 않았다.

1991년이 시작될 무렵, 제2의 창업을 품고 대구 시내 곳곳을 오토바이로 겨울바람을 맞으며 돌아다니다 들안길 끝자락 빈터 앞에 멈춰 섰다. 그전엔 공장 부지로 쓰였다고 하던 그 땅에 마음이 꽂혀 땅 주인을 찾아가 임대계약을 했다. 그런데 거기에다 삼계탕을 주메뉴로 하는 식당을 짓겠다고 나서자 주변 사람들이 하나같이 반대를 했다.

사람들이 오가는 도심지도 아니고 단체손님 받기 좋은 경치 좋은 외곽도 아닌 곳에 식당을 차리면, 그것도 서민들이 즐겨 찾는 삼계탕집을 내가 말하는 대로 크게 지어 놓으면 부담스러워서 밥 먹으러 오겠냐는 거였다. 하나 틀린 말이 없었지만, 나 또한 그런 결심을 한데는 나름의 이유가 있었다. 그전까지 솔밭식당을 운영하면서 찾아오는 손님들이 점점 더 주차문제로 애를 먹는 모습을 봤다. 그리고 식당이란 곳이 예전처럼 배만 채우기 위해 찾는 곳에서 지인 또는 가족끼리 즐기기 위해 오는 하나의 생활문화공간으로 바뀌어 가고 있다는 것도 느끼고 있었다. 그렇다면 굳이 복잡한 도심 상권을 찾아갈 필요가 있을까 싶었다.

'이왕이면 주차하기 쉽고, 즐겁게 식사를 할 수 있는 곳이라면 사람들이 찾아와 줄 것이다. 주차도 쉽고 편하기 즐기다 갈 수 있는 곳을 찾아보자!'라는 게 내 생각이었다.

들안길은 그런 내 생각과 딱 맞는 곳이었다. 그런데 설계가 끝나고 공사에 들어갈 때만 해도 내가 그토록 죽을 고생을 하게 될지는 꿈에도 몰랐다.

정말 하루하루가 징그러울 정도로 힘들었다. 이유는 따지고 보면 결국 돈 때문이었다. 필요한 공사비용에 비해 가진 돈이 턱없이 모자랐다. 시작할 때는 빠듯하게 맞춰질 것 같던 공사비가 자꾸 욕심을 내다보니 턱없이 올라가 버려 감당할 수 없는 지경에 이르고 말았다. 그러다 보니 시시때때로 공사대금 결제에 대한 압박이 목을 죄어와 사람이 영 죽을 맛이었다.

정화조 시설에 필요한 콘크리트 타설 작업을 직접 하기도 했다. 혼자 8시간 내내 쉬지 않고 삽질을 하고 나니 정말 얼마나 힘들던지 그 후로 지금까지 건물 지을 일이 있어도 콘크리트 타설 작업에 드는 비용만큼은 깎아달라는 소리를 안 한다. 아무튼, 그렇게 매일매일 살얼음판을 걷는 마냥 아슬아슬하게 9개월이 흘러 마침내 준공을 앞두고 있는데 결국 일이 제대로 터지고 말았다.

공사를 마무리하고 개업을 해야 하는데 시공에 참여한 업체 어느 한 곳에도 공사대금을 완불할 수가 없었다. 가진 돈은 바닥난 지 오래였고 더 이상 빌릴 만한 데도 없었다. 밤새 고민을 해봐도 공사업체에 결제기한을 늘려달라고 사정하는 것 말고는 다른 수가 없었다. 정말 하고 싶지 않았고 해서도 안 될 일이었지만, 달리 방법이 없었다.

"너무나도 죄송하고 염치없지만… 장사만 시작하게 해주시면 빠른 시일 안에 대금을 다 지불하겠습니다."

반응은 당연히 험악했다. 자기가 납품한 문틀을 다시 떼어가겠다는 사장님도 계셨다.

다시 한 번 매달렸다.

"사장님 화가 풀릴 때까지 저를 패이소. 맞아도 쌉니다. 하지만 제발 문틀만은 그냥 놔 두이소. 시간을 쪼매만 더 주이소!"

참, 그분들께는 지금 생각해도 미안하고 또 고맙다. 어쨌든 한바탕 난리를 치른 후 다들 좀 더 기다리기로 이야기가 되어 돌아들 가셨다. 그렇게 마지막 고비를 넘기고 나니 마음이 더 바빠졌다.

'넋 놓고 있을 게 아니라 하루라도 빨리 장사를 시작해야 한다.'

일단 간판부터 올렸다. 상호는 〈금산 할매집 고디탕 삼계탕〉.

금산은 본래 이름이 보광산이다. 조선 태조 이성계가 젊은 시절, 이 산에서 백일기도 끝에 조선왕조를 개국하자, 영세불망의 영산이라 하여 온 산을 비단으로 두른다는 뜻의 금산錦山으로 이름을 바꿨다고 한다. 나도 비단으로 산 전체를 두를 만큼 성공하고 싶었다. 그리고 미안하고 고마운 분들께 하루빨리 빚도 갚고 은혜도 갚고 싶었다.

맛을 찾아라

흔히들 추억을 이야기할 때 빠지지 않는 것 중 하나가 음식이다. 가난한 시절 먹었던 음식, 어릴 때 어머니가 해준 음식, 친구들과 놀러 가서 해먹은 음식, 연인들 또는 가족들과 즐겨 찾았던 식당과 그 맛. 그래서 음식은 시간이 쌓이면 추억이 된다. 옛날 그 시절이 그리워 찾은 식당이 없어져 버린 걸 알게 되면 무척 아쉽다. 그러니 식당은 좋은 추억으로 남을 수 있을 만큼 맛있는 음식을 내놓아야 하고 또 오래오래 계속 장사를 해야 한다.

건물을 아무리 잘 지어놓아도 맛이 없으면 식당이 아니다. 식당 공사를 시작하고 얼마 지나지 않아, 현장 뒤편에 임시로 주방을 만들었다. 주메뉴를 삼계탕으로 정한 이상 어디에 내놔도 빠지지 않는 '금산'표 삼계탕이 먼저 준비되어 있어야 했다.

어디에 무슨 삼계탕 집이 맛있다는 말을 들으면 무조건 찾아가 먹어 보았다. 들은 이야기에 비해 먹어보면 안심(?)이 되는 경우도 많았지만, 어쩌다 진짜 맛있는 집을 발견하게 되면 초조한 마음으로 돌아와 머리를 싸매며 주방으로 들어갔다.

'그 집보다 더 맛있어야 하는데…'

하지만 육수가 제대로 나왔다 싶으면 육질이 그에 못 미치고 다시 해보면 이번엔 육수의 빛깔이 마음에 차지 않았다. 갖은 경우의 수를 조합하고 가스 불과 씨름한 끝에 원하는 맛을 내고 나면 또 어딘가에 진짜 끝내주는 삼계탕 집이 있다는 소리가 들려왔다.

저 집보다는 더 맛있게 만들어야지 하고 매달려 연구를 하고 이제 됐다 싶으면 또 더 맛있는 집이 나타났다. 그리고 그 지루한 반복은 이 정도 맛이면 어디에 내놔도 밀리지 않을 것 같다는 생각과 함께 식당을 거의 다 지어갈 무렵에야 끝이 났다.

어차피 식당을 하는 이상 더 맛있는 음식, 더 몸에 좋은 음식을 만들기 위한 노력은 끊임없이 계속되어야 할 일이었다.

'그래 이 정도면 해볼 만하다. 여기에다 더 열심히 더 친절하게 하면 된다!'

첫술에 배부르랴

개업 전날 밤, 좀처럼 잠을 이룰 수가 없었다. 뜬 눈으로 밤을 지새우다시피 하고 다음 날 아침 일찍, 식당 문을 활짝 열어젖혔다. 식당이 잘 되어야 할 절박한 이유는 너무도 많았다. 그리고 그 우선순위도 이미 바뀌어 있었다. 럭셔리한 식당, 사람답게 살아가는 꿈보다는 식당을 짓느라 진 빚부터 갚아야 하는 게 급선무였다. 하지만 터질 듯한 긴장 속에서 치른 개업 첫날은 깊은 한숨만 토해내게 했다.

하루 매출 겨우 22만 원, 빚을 갚기는커녕 식당을 유지하기에도 힘든 액수였다.

늦은 밤, 식당 뒤편에 지어놓은 창고 같은 방으로 어머니와 아내를 돌려보내고 혼자 소주잔을 기울였다. 지난 9개월의 시간이 주마등처럼 머리를 스치며 그동안 참아왔던 서러움이 봇물 터지듯 밀려왔다. 이대로 식당이 잘못된다면 도저히 다시 살아갈 엄두가 나지 않을 것 같았다. 그리고 왈칵 눈물이 쏟아졌다.

울고 나면 그래도 속이 좀 시원해지는 슬픔이나 회한 같은 눈물이 아니라 두려움과 서러움이 뒤섞인, 명치끝에서 쇄골을 타고 올라오는 표현조차 하기 힘든 그런 눈물이었다.

내가 울고 있다는 사실조차 느끼지 못하고, 손으로 훔치고 어금니를 깨물어도 소용이 없는 그런 눈물이 숨이 막혀 오도록 끝없이 흘러내렸다.

그리고 보면 눈물에도 참 종류가 많다는 생각이 든다.

다시 '맛'에 집중

다음날, 그리고 그다음 날도 혹시나 하는 기대는 여지없이 무너지고 말았다.

날이 가고 달이 가고 해가 바뀌도록 매상은 15만 원~20만 원 사이를 오락가락하며 도무지 오를 줄 몰랐다.

매출이 안 오르니 수중에 돈이 있을 리 없고 급여를 주고 직원을 고용할 형편도 안됐다. 내가 바쁠 땐 어머니가 버스를 타고 식재료를 사러 시장에 갔다. 밤늦도록 육수를 끓여야 했기 때문에 잠도 제대로 잘 수 없었고 아내는 정신없이 주방과 홀을 오가다 짬이 나면 뒷방에 가서 아이를 돌보았다. 가족 모두 전쟁터의 병사처럼 하루하루를 보냈다. 1년 사이 자란 것은 아이들의 키뿐이었고, 늘어난 것은 어머니와 아내의 주름뿐이었다.

날마다 부채는 마음을 옥죄었다. 꿈자리가 사납거나 아침을 먹어도 밥맛이 없을 때가 있었다. 희한하게 그런 날은 채권자가 찾아왔다.

한 번은 구청 공무원이 와서 시설 점검을 하더니, 시정 명령을 내렸다. 식당 뒤에 딸린 방이 문제였다. 기준에 맞춰 보수 공사를 했다. 공사하는 동안 뒷마당에서 비닐을 덮고 한뎃잠을 잤다.

돈 걱정과 장사 걱정으로 다시 우울증이 재발하기도 했다. 그럴 땐 구급약을 먹듯이 병원에서 처방해준 약을 먹었다. 약이 없으면 소주를 컵에 부어 벌컥벌컥 들이켰다. 깊은 밤 혼자서 휑한 주방과 홀을 보고 있으면 대한민국을 대표하는 삼계탕집을 만들겠노라 던 꿈이 신기루같이 아득하게만 느껴졌다.

 돌이켜 보면 그땐 정말 순전히 좋은 사람들 덕에 하루하루를 연명할 수 있었다.
 칠성시장에서 닭 도매를 하던 고(故)남석봉 사장님!
 하루는 5백만 원을 결제하지 않으면 가게 문을 닫아야 할 만큼 급박한 상황에 처한 적이 있었다. 그분에게 가서 사정을 하니 "내일 오소!"라는 한마디 말씀만 하셨다. 그리고 다음날, 노란 고무줄에 묶인 돈뭉치 다섯 개를 나에게 건넸다. 그중엔 때 묻은 오천 원짜리, 천 원짜리도 섞여 있었다. 눈물이 핑 돌았다. 나도 모르게 이를 악물었다.
 '그래 다시 본론으로 돌아가자. 정말 맛있는 음식을 만들 것, 친절할 것, 그리고 많은 사람에게 알려 찾아올 수 있게 할 것.'
 일단 음식의 맛에 대해 좀 새로운 각도에서 고민을 해 보기로 했다.
 '다른 집에 비해 뒤처지지 않는 맛에서 좀 더 색다르고 차별화된 맛을 낼 방법이 없을까?'
 급한 마음을 뒤로하고 주방으로 들어갔다.
 닭을 먼저 80% 정도 삶은 후 냉장고에 넣어두었다가 이튿날 다시 나머지 20%를 삶으면 육질이 쫄깃해진다는 것을 비롯한 여러 가지 방법들을 찾아냈고, 그 후로도 그렇게 오로지 '맛'을 위한 고민과 연구는 쭈욱 계속되었다.

애피타이저에 올인하다

분명 조금씩 나아지고 있었다. 하지만 여전히 개업할 때 진 빚조차 다 갚지 못했을 뿐만 아니라 내가 꿈꿔온 대한민국 제일의 삼계탕 집과는 턱없이 거리가 멀었다.

'맛, 대화, 즐거움, 문화….'

식당이 존재하는 이유를 하나하나 다시 되짚어 보았다. 그러다 떠오른 단어 '배고픔'이라는 것에 생각이 머물렀다. 그건 식당이라는 것이 생겨난 출발점이었다. 이미 식당은 단순히 끼니를 거르지 않기 위해 들르는 곳이 아니라 외식을 즐기는 '문화 공간'으로 까지 역할이 커졌다. 그렇다고 식당이 배가 전혀 고프지 않아 식욕마저 없는 사람이 찾는 곳든 아니다.

'그래! 배고픔이 먼저다'

금산삼계탕을 찾아오시는 분들이 음식이 나올 때까지 기다려야 하는 그 배고픈 시간을 최대한 줄여 보는 것도 상당히 의미 있는 일이라는 생각이 들었다 삼계탕은 음식의 특성상 주문을 받으면 5~10분이 지나야 내놓을 수 있다. 짜장면과 비교하면 기다리는 시간이 길다.

옛날 우리 할머니들은 아이들이 밥상 앞에서 물부터 벌컥벌컥 마시는 모습을 바라보며 "아이고 야 봐라, 배가 너무 고프니까 밥이 안 넘어간다 아이가?"하고 안쓰러운 표정을 짓곤 했다.

정말 배가 많이 고프면 밥 먹기 힘들다. 그럴 땐 1분 1초가 정말 중요하다.

'그래, 삼계탕은 어떤 요리보다 애피타이저가 필요하다!'

순간, 번쩍하고 머릿속을 스쳐 지나갔다.

'이건 된다!'

뭔가 답을 찾은 기분이 들었다. 그렇다면 그 애피타이저는 종류가 무엇이든 간에 30초 내지는 1분 안에 내놓을 수 있어야 하고, 물론 맛있어야 하며 재료는 가장 좋은 걸 쓰되 원가는 본 메뉴인 삼계탕의 10%를 넘지 말아야 하고, 너무 부담스럽지 않아야 한다.

'그런 게 뭐가 있을까?'

고민 끝에 내놓은 메뉴가 막국수였다. 하지간 야심차게 내놓은 애피타이저, 막국수에 대한 손님들의 반응은 한마디로 별로였다. 배가 많이 고픈 손님들 중에 가끔 반갑게 드시는 경우가 있긴 했지만 대부분 썩 내키지 않아 하셨다.

애피타이저가 금산삼계탕만의 독특하면서도 새로운 무기가 될 것이라는 내 예상은 보기 좋게 빗나가고 말았다. 기대가 큰 만큼 실망도 컸지만, 메뉴를 바꿔 다시 한 번 도전해 보기로 했다. 막국

수가 아무래도 애피타이저로는 좀 부담스러운 음식이었던 것 같아 야채샐러드를 준비했다. 그런데 두 번째로 내놓은 애피타이저에 대한 손님들의 반응은 막국수보다 더 나빴다. 좋게 봐도 그저 조금 색다른 밑반찬이 하나가 더 추가된 정도였고, 뭐 이런 걸 내놓으면서 굳이 애피타이저라고 소개까지 하느냐고 의아해하는 표정들이 역력했다. 또 실패였고 그 후로도 여러 가지 다른 메뉴를 개발해 시도를 해봤지만 마찬가지였다.

'내가 잘못 생각한 건가?'

낙담에 빠져 있는데 마침 TV에서 춘천 명동 닭갈비를 소개하고 있었다.

'그래, 어쩌면 삼계탕 집에서 애피타이저로 닭갈비를 해보는 것도…!'

그 길로 춘천으로 향했다. 명동 닭갈비 골목에 들어설 즈음엔 이미 해가 저물어 있었다.

일단 손님이 가장 붐비는 집으로 들어가 자리를 잡고 닭갈비를 주문했다. 내가 궁금했던 건 닭갈비의 닭이 아니라 거기에 들어가는 양념이었다. 닭갈비와 함께 철판에 볶기 전, 생으로 버무린 양념장을 숟가락으로 떠서 입에 넣고는 우물거리며 들어간 재료들을 곱씹어 보았다. 다른 집에도 몇 군데 더 들러 먹어본 후 대구로 내려와 애피타이저용 닭갈비 만들기에 돌입했다.

식감도 부드러워지고 단시간에 조리될 수 있도록 고기를 춘천 닭갈비보다 훨씬 더 얇게 썰고 거기서 본 걸 참고삼아 들어갈 야채를 정하고 나머지 하나, 가장 중요한 양념을 배합했다. 그런데 다 해 놓고 보니 아무래도 뭔가가 좀 아쉬웠다. 삼계탕을 먹기 전에 입맛을 돋울 정도로 약간 매우면서도 맛있는 닭갈비가 되려면 거기에 딱 맞는 양념이 필요했다.

어쩔 수 없이 그런 양념을 찾아 경남 언양의 숯불 불고기촌, 돼지갈비로 유명한 대구 북성로 등을 다시 헤매고 다녔다. 하지만 내가 생각하는 닭갈비 애피타이저용 양념의 맛과는 다들 조금씩 차이가 있었다. 벽에 부딪힌 느낌이었다.

'놓친 게 뭘까? 닭갈비라… 그래 맞다! 청송에도 있었다.'

예전 부동액 장사를 할 때 청송으로 배달을 갔다가 들렀던 닭백숙 집이 떠올랐다.

전형적인 시골 촌집이었고 백숙이 나올 때까지 기다리는 동안 주인이 석쇠에 구운 닭갈비를 내와 맛있게 먹었다. 그리고 생각해 보면 내 입맛에는 그게 춘천 것보다 더 나았다. 곧장 청송으로 그 집을 찾아가 주인에게 닭갈비 만드는 과정을 가르쳐 달라고 부탁했다.

아주 오래전에 한번 다녀갔노라고 말은 하지만 기억도 안 나는 놈이 뜬금없이 찾아와 닭갈비 만드는 방법을 가르쳐 달라고 하니 그저 어이없어할 뿐이었다. 쉽지 않을 거라 예상하고 갔기에 다시 한 번 부탁했다. 그러자 어이없어하던 주인의 표정이 불쾌한 표정으로 바뀌었고, 또 부탁을 하니 "볼 일 없으니 그만 가시라"는 단호한 대답이 돌아왔다.

그 날부터 그 집에서 막무가내로 시키지도 않은 일을 하며 머슴처럼 먹고 잤다. 마당도 쓸고, 찾아간 때가 추운 겨울이었던 터라 장작도 패고, 손님들이 오면 마치 그 집에서 일하는 사람이라도 되는 것처럼 굴었다. 그렇게 버틴 지 5일째 되는 날, 결국 그 집에서 닭갈비 만드는 방법을 배울 수 있었다.

뿌듯한 마음으로 식당으로 돌아와 배운 대로 닭갈비를 만들었다. 하지만 상당히 가까워지긴 했어도 청송에서처럼 뭉툭하게 고기를 썰어 석쇠에 굽는 닭갈비와 내가 생각하는 애피타이저용 닭갈비 사이에는 근본적인 차이가 있었다.

결국, 흔히 하는 말로 혼자 삽질이라도 해서 될 때까지 해보기로 작정을 했는데 그래도 청송을 다녀온 뒤라 어디를 어떻게 파야 할지 감을 잡고 시작할 수 있었다. 그리고 그 후로도 오랜 시간을 주방에서 밤을 보낸 끝에 마침내 내가 상상하던 양념의 맛을 찾아냈다.

고추장, 고춧가루, 간장, 후추, 설탕, 참기름, 생강즙, 대파, 배 즙 등 약 18가지 재료를 배합해 만든 새로운 양념이었다. 그렇게 숙제를 해결하고 난 뒤 곧바로 솥 만드는 공장을 찾아가 미리 생각해둔 사이즈와 모양대로 무쇠솥을 주문 제작했다. 내가 생각하는 애피타이저용 닭갈비는 그걸 볶는 솥도 달라야 했기 때문이었다. 그런데 우여곡절 끝에 모든 준비를 마쳤지만 계속해서 마음에 걸리는게 하나 있었다. 그전까지 시도했던 애피타이저와는 달리 닭갈비는 볶는 과정이 필요했다.

만약 그 일을 직원들이 손님들의 테이블마다 찾아다니며 서비스를 해드린다면 정말 배보다 배꼽이 더 커질 판이었다. 좀 불편하더라도 손님들이 직접 볶아 드시게 할 수밖에 없었다.

마침내 디데이가 오고 주방에는 닭갈비와 함께 수십 개의 무쇠솥이 나란히 줄지어 대기하고 있었다. 손님이 삼계탕을 주문하자마자 걱정 반 기대 반으로 닭갈비가 담긴 무쇠솥을 가져가 손님의 테이블 위에 올리고 가스레인지의 불을 켰다.

"이게 뭐예요?"

그전과는 달리 관심을 보였다.

"저희 식당에서 만든 닭갈비입니다."

"우린 삼계탕 시켰는데요?"

"이건 애피타이저 서비습니다. 식사가 나오기 전에 직접 볶아 드셔 보세요. 다 드시면 곧바로 삼계탕이 나옵니다."

손님들의 표정이 환해졌다. 곧이어 걱정했던 부분도 말끔히 사라졌다. 닭갈비를 직접 볶는 걸 귀찮아하기는커녕 오히려 마냥 재미있어했다. 맛있다는 소리가 여기저기에서 들려왔다.

식당을 하는 사람은 안다. 고생 끝에 개발한 메뉴가 '이건 된다.' 는 확신이 들 때 세상을 다 얻은 것처럼 기쁘다.

"우와! 이게 바로 네가 이야기하던 그 닭갈비구나."

두어 달쯤 지나자 입소문을 타고 식당을 찾아오는 손님들이 눈에 띄게 늘기 시작했다. 식당 장사에서 입소문은 대단히 중요하다. 사람들은 가까운 곳에 유명한 맛집이 있다는 말을 듣게 되면 보통 3개월 안에 그 집을 찾아간다고 한다. 금산삼계탕이 바로 그런 집이 된 것이었다.

하루가 다르게 손님이 늘어났고 더 이상 가족들만으로는 일을 다 감당해 낼 수가 없게 되어 아주 기쁜 마음으로 함께 일할 직원들을 채용했다.

새벽부터 밤까지 식당일에 매달려 시간 가는 줄 모르고 하루를 보내도 피곤하기는커녕 몸과 마음이 날아갈 듯 가벼웠다. 그리고 얼마 지나지 않아 꿈에도 그리던, 정말 벗어날 수만 있다면 더는 소원이 없을 것만 같던 빚을 남김없이 다 갚았다.

나 이런 것도 해봤다!

당연히 식당 운영의 가장 중요한 부분은 '맛'이다. 하지만 변수가 많은 것이 또한 식당 운영이다. 가장 큰 문제가 '시간'이다. 아무리 맛이 좋기로 소문난 식당도 그 과정에는 지난한 시간의 벽을 통과했던 고통의 순간들이 있기 마련이다. 대부분 돈을 쌓아놓고 장사를 하지는 않기 때문이다. 여기서는 초창기 시절 그러한 시간의 고통을 벗어나기 위해 시도했던 나만의 방식들을 몇 가지 소개하겠다.

세계최초 신발장CCTV

'낮 12시부터 오후 2시까지 고객님의 구두를 닦아 드립니다.'라는 안내문을 사람들의 눈에 잘 띄는 곳에 써 붙였다. 그리고 매일 시간에 맞춰 왕년의 구두닦이 시절에 익힌 기술을 십분 발휘해 손님들의 구두를 닦아 드렸다. 그렇게 하고 나면 그분들의 마음에 금산삼계탕이 좀 더 가까이 다가간 것같이 느껴졌다. 손님들이 좋아해 주셨기 때문이었다.

특히 밖에서 구두를 닦을 기회가 잘 없는 여성분들은 반짝거리는 구두를 보고는 활짝 웃으며 좋아했다. 사실 신발이라는 것은 식당에서 꽤나 큰 비중을 차지한다. 예전 양화점에서 일할 때 진열되어 있던 그 구두와 식당의 신발장에 놓인 구두는 같은 구두라도 그 의미가 다르다. 신발장이 꽉 차있으면 그 식당은 잘되는 집이란 뜻이고 신발장에 있는 신을 보면 그 식당에 주로 오시는 손님의 연령대나 성향을 알 수도 있다.

식당에서 일어나는 일 중에서 빠지지 않는 이야기가 바로 손님이 신고 오신 신발을 잃어버리는 경우다. 우리 식당에서도 그런 일이 빈번하게 일어났다. 지금까지 일일이 세지도 못할 정도로 많았다. 단순히 돈만의 문제가 아니었다. 신발값을 식당에서 대신 변상을 해드려도 신발을 잃어버린 사람에겐 하필 우리 식당에 오셨다가 괜스레 그날 하루가 운 나쁜 날이 되고 만다.

물론 난 운 나쁜 사람은 그 신발을 잃어버린 사람이 아니라 훔쳐간 사람일 거라고, 그것도 무지 재수 없을 거라고 믿지만 그건 어디까지나 내 생각일 뿐이다. 결국, 궁여지책으로 신발장 앞에다 CCTV를 설치했다. 아마 세계 최초였지 싶다. 그러고 나니 신발이 없어지는 일은 더 이상 일어나지 않았다.

이제 앞으로는 식당에 신발장을 많이 만들어 놔야 한다고 생각한다. 그냥 오픈되어있는 신발장이 아닌 열쇠가 달려있는 제대로 된 신발장을 만들어 놔야 한다는 것이다. 손님이 좀 있다 싶은 식당에 들어가면 신발장 앞에 어김없이 쓰여 있는 문구가 있다.

'신발 분실 시 책임지지 않습니다.'라는 안내다. 또 어느 식당에는 비닐이나 종지봉투를 주며 식당은 책임지지 않으니 여기에 싸들고 들어가서 옆에 놓고 신발을 지키며 음식을 먹으라고 한다. 이건 고객을 맞이하는 기본자세가 아니다. 식당에 찾아온 손님의 신발을 잃어버렸는데 어떻게 식당에 책임이 없다고 할 수 있을까?

우리 식당을 찾아준 손님에 대한 고마움을 생각한다면, 책임의식을 갖고 현명한 대처를 하는 것이 올바른 마음가짐이라고 생각한다.

신발 이야기만 나오면 늘 떠오르는 노신사 한 분이 계신다. 신고 오신 구두가 없어진 것을 아시고도 괜찮다며, 그럴 수도 있으니 신경 쓰지 말라고 웃으시고는 식당에서 사용하는 헌 슬리퍼 하나만 신고 가셨다. 후에 내가 TV 방송에 출연해 그

분 이야기를 했더니 며칠 뒤 그때 같이 오셨던 사모님이 찾아
오셨다고 한다. 아무래도 자신의 남편 이야기인 것 같아서 찾
아왔다고 했는데 하필 내가 그 자리에 없을 때였다. 아내는
사모님으로부터 어르신이 돌아가셨다는 이야기를 전해 들었
다고 했다. 나는 아내에게 그분의 연락처라도 받아놓지 그랬
냐며 아쉬워했다. 나는 지금도 그분의 인자하신 얼굴이 기억
난다.

'어르신 나중에 하늘나라에 가면 꼭 찾아뵐게요.'

22년 전 겨울 초창기 식당 모습. 좌측 뒤편에 구두 닦는 코너

한번만 더 붙이면 고발하겠습니다

구두를 닦아 드리는 서비스가 식당의 손님을 눈에 띄게 확

늘어나게 하지는 못했다. 어차피 대단한 기대를 하고 시작한 건 아니었지만, 뭔가가 더 필요했다.

식당이 정상궤도에 오르려면 더 많은 시간과 더 지극한 정성이 필요했고, 그러기 위해서는 더 많은 노력과 더 효과적인 방법을 찾아야 했다. 그런데 문제는 시간이었다. 시간은 곧 돈이었고 내겐 시간을 버텨낼 자금이 없었다. 뭔가 특별한 계기를 만들어 내야 했다.

상권이 활성화되지 않은 곳에 식당을 새로 열었으니 일단은 사람들에게 알려야 한다. 마음 같아선 대대적으로 광고를 하고 싶었지만 그건 절대적으로 돈이 필요한 일이었다.

'그래 없으면 없는 데로 할 수 있는 것부터 하자. 돈 주고 라디오나 텔레비전 전파를 살 형편이 못되니 차라리 발로 뛰자. 식당만 잘 지어 놓으면 뭐하나? 사람들이 모르는데, 솔밭식당 때 그랬던 것처럼 다시 뛰자. 그런데 스티커야 열심히 붙이고 다니면 되지만 전단지는 받는 사람이 쉽게 외면하거나 버리지 않도록 해야 한다. 그러려면 뭔가 다른 방법이 필요하다.'

며칠 후, 식당이 좀 한가한 틈을 타 당시 인기 있던 공연에 등장하는 품바 복장을 하고 대구에서 사무실과 유동인구가 가장 많은 범어네거리로 갔다. 등에는 우리 식당을 소개하는 홍보전단지가 가득 실린 망태기를 지고 한 손에는 집게를 들었다.

사람들이 그런 나를 신기한 눈으로 쳐다봤다. 마음을 다잡고 지나가는 사람들에게 다가가 망태기에 담긴 전단지를 집게로 꺼낸 후 다른 손으로 옮겨 공손히 내밀었다.

사무실이 밀집된 오피스 타운에서 전단지를 나누어 주는 모습은 흔한 광경이라 평소 같으면 외면하고 지나쳤을 사람들도 정말 희한한 복장에 희한한 방법으로 나누어주니 얼떨떨해하며 일단 받아 들었다.

내 작전이 먹혀들고 있었다. 품바 복장에 망태기와 집게를 든 나에게 사람들이 관심을 보이기 시작했다. 그리고 무엇보다 재미있어했다.

"금산삼계탕! 금산삼계탕! 들안길 끝에 있는 금산삼계탕입니다."

다음날부터 틈만 나면 사람들이 많이 다니는 곳에 한가득 전단지를 지게에 지고 나갔다. 아내는 내가 안 보이면 으레 지게 지고 나간 줄 알 정도였다.

난 그때 금산삼계탕을 알려야 한다는 오직 한 가지에만 거의 미쳐있었고, 나중에는 아예 어디를 가든 전단지와 스티커를 넉넉히 챙겨 다녔다.

훗날 금산삼계탕이 궤도에 오른 후, 여유가 생겨 다른 지방으로 여행을 자주 다녔다.

요즘과 달리 예전엔 차량 번호판에 서울, 대구 등 지역명이 적혀 있었는데 대구경북 번호판을 단 차량만 보면 어김없이 전단지를 차창 위에 올려놓았다.

그 차량의 주인들은 분명 대구 경북에 사는 사람들일 것이고 타지에서 자기 고향에 있는 식당 홍보지를 보는 느낌은 분명 평소와 다를 것이었다. 실제로 그 전단지를 본 사람들은 여행을 마치고 돌아와 우리 식당을 방문했다. 그것도 대부분. 애향심을 자극하는 일종의 고향 마케팅인 셈이었다.

전단지와 스티커에 미쳐 있을 때 지금 생각하면 말도 안 되는 짓을 한 적이 있다. 국내 출장이나 외국 출장길에 비행기 화장실 안에다 '금산삼계탕' 스티커를 붙였다. 국내선, 국제선 모두 그것도 여러 장을 정성을 들여 나란히 예쁘게 붙였다. 돌아오는 비행기 안에서도 같은 짓을 했다. 당연히 주의를 받았지만, 너무나도 붙이고 싶은 마음을 참을 수가 없어 그 후에도 몇 차례 더 그랬다.

결국, 항공사로부터 최후통첩을 받았다.

"한 번만 더 붙이면 고발하겠습니다."

진심으로 사과했고, 그 후로는 다신 하지 않았다. 지금 생각해도 항공사에는 죄송한 일이다. 요즘은 주로 쿠폰을 들고 다

닌다. 그래서 명함을 줄 일이 있으면 반드시 금산삼계탕 할인 쿠폰을 함께 준다.

비록 아주 작은 것이 긴 하지만 시간을 내서 나를 만나준 분에 대한 고마움의 표시이자 식당 주인으로서 나름의 예의라고 생각해서 그렇게 한다.

시황제도 맛을 못 본 금산삼계탕

신문에 식당광고를 하기로 했다. 당시만 해도 요즘처럼 인터넷을 비롯한 다양한 매체들이 등장하기 전이어서 대중매체를 통한 광고라 하면 신문 아니면 방송이었다.

내가 신문 첫째 면에 광고를 내고 싶다고 하자 식당광고를 일면에 내면 격이 떨어진다고 거절하는 바람에 돈을 내고 광고를 하면서도 사정을 해야 했다. 광고 지면을 확보한 다음 광고회사를 찾아가 금산삼계탕 신문광고 제작을 의뢰했다. 내가 원하는 광고는 한 번 보면 쉽게 잊히지 않고 보는 사람의 마음에 확 와 닿는 광고였다.

광고회사에 일을 맡겨놓고도 자나 깨나 광고 지면을 어떻게 하면 기가 막힌 내용으로 채워 넣을까에 대한 고민을 했다. 그러다 별생각 없이 신문을 뒤적거리던 중에 눈에 띈 네 칸짜리 만화가 내 마음을 사로잡았다.

'그래! 이런 식으로 우리 금산삼계탕 이야기를 만들어 광고

해 보는 것도 괜찮을 것 같다.'

　내친김에 주섬주섬 혼자서 이야기를 꾸며봤다.

　'옛날 중국의 진시황이 신하를 시켜 한국에 가서 불로초를 구해오도록 했다. 그런데 길을 떠난 신하가 기다려도 돌아오지를 않자 낙담 끝에 그만 입맛이 떨어지고 말았다. 진시황은 또 다른 신하를 불러 이번엔 네가 한국에 가서 떨어진 자신의 입맛을 되살릴 수 있는 맛있는 음식을 구해오라고 명령을 내리지만, 한국으로 떠난 그 신하도 아무리 기다려도 돌아오지 않았다. 이유는 이랬다. 진시황의 명령을 받고 한국에 온 그 신하는 대구에서 금산삼계탕을 먹어 보고는 너무나 맛이 있어 아예 눌러살고 만다.'

　헤드 카피는 '시황제도 맛을 못 본 금산삼계탕!'이었다. 순전히 내 마음 내키는 대로 만든 이야기라 조심스레 광고회사에다 이렇게 하는 것은 어떻겠냐고 물었더니 의외로 괜찮은 것 같으니 한번 해보자는 반응이 왔다. 그렇게 해서 나가게 된 금산삼계탕 신문광고는 광고비가 전혀 아깝지 않을 정도로 큰 효과를 봤다. 연이어 2탄도 만들었다. 두 번째 이야기는 프랑스 황제 '루이 13세도 맛을 못 본 금산삼계탕!'이었다.

신문광고! 그 효과는 스티커와 전단지에 비할 바가 아니었다. 그렇다고 스티커와 전단지가 지닌 의미와 가치가 상대적으로 뒤처진다는 이야기가 아니다. 전단지가 총이라면 신문광고는 대포쯤 된다. 전쟁터의 병사에게 소총은 옵션이 아니라 필수다. 그 효과가 아무리 크다 해도 기본적으로 소총이 있고 난 다음에 대포가 있는 법이다. 무기는 크고 작음이 중요한 게 아니다. 적재적소에 이용하는 지혜가 중요하다.

Chapter 02

닭님들이시여! 참말로 고맙심더!

럭셔리 삼계탕

유럽, 또는 가까운 일본만 가도 몇 백 년의 역사를 자랑하는 오래된 식당이 많다.

우리나라엔들 역사와 전통을 가진 식당이 왜 없을까만 외국여행을 다니면서 속으로 부러워한 적이 꽤 많았다. 한 세대에서 그다음 세대로, 다시 그다음 세대로 내려가는 일본의 식당들을 보면서 많은 자극을 받았다.

1998년 어느 날 나도 그런 식당을 짓기로 했다. 몇 백 년이 지나도 끄떡없고 대를 이어가며 손님을 맞이할 아름다운 식당을 짓기 위해 장사를 하고 있던 바로 아래쪽에 물색해둔 땅을 매입했다.

'식당은 내가 살집이 아니라 고객이 사용하는 공간이다. 나와 가

족의 편의가 아니라 손님의 편의에 맞춰 건물을 지어야 한다.'

도목수 등 공사에 참여할 몇 사람을 모시고 일본에 가서 샘플이 될 만한 건물을 견학하면서 설계가 잘 되어있는 식당에 들어가 주방과 홀의 동선도 살폈다.

드디어 땅을 산 지 1년 만에 새로운 식당을 완공했다.

금산삼계탕 간판은 고풍스럽게 돌로 새겼고 외벽도 육중한 화강암으로 마감했다. 그리고 이 건물은 오직 삼계탕집으로만 쓰일 것이라는 뜻으로 벽에다 닭 모양을 조각했다. 꼭대기엔 '닭 시계탑'을 만들어 매 시간마다 닭이 모가지를 내밀고 시간을 알려주는 장치를 했다. 그런데 몇 번 사용해보니 인근 주민들이 시끄럽다고 항의를 해 사용은 하지 못하고 있다.

화장실에도 신경을 많이 썼다. 당시로선 드물게 핸드드라이기를 설치했는데, 일본에 갔을 때 가전 박람회장에서 본 거였다. 지금이야 곳곳에 설치된 흔한 장치이지만 당시만 해도 우리나라에는 핸드드라이기가 없었다. 처음 보는 그 물건의 신기한 성능에 반해 그걸 사려고 도쿄에 있는 파나소닉 본사로 찾아갔다. 그런데 그 회사 담당자가 시제품으로 만든 것이기에 판매계획이 없다고 딱 잘라 거절을 하는 거였다. 아니 왜 팔지도 않을 걸 전시를 하느냐고 막무가내로 우겼다. 나는 팔라고 하고 담당자는 못 판다고 하고, 한참 동안 실랑이를 하다 결국 결론이 났다. 정 그러시다면 사가되 절대 애프터서비스는 요청하지 말라는 거였다. 흔쾌히 각서에 서명하고 두 대를 사서 김해공항으로 들여왔다.

당시 세관원이 그게 뭐에 쓰는 물건인지를 몰라 다시 또 어렵게 설명을 해야 하는 촌극이 벌어지기도 했다. 그렇게 설치한 그 핸드 드라이기는 2002년 월드컵을 앞두고는 문화관광부가 주관한 깨끗한 화장실 심사에서 금산삼계탕이 대상을 받아 5백만 원의 상금까지 타게 되는데 한 몫을 단단히 했다. 그리고 지금까지도 고장 한 번 나지 않고 나중에 설치한 따뜻한 바람까지 잘 나오는 국산 핸드 드라이기와 나란히 제자리를 지키고 있다.

여하튼 그렇게 유난을 떨어 식당건물을 지어놓고 나니 '무슨 삼계탕 집이 이리도 화려하냐?'고 은근히 핀잔 섞인 지적을 하는 사람들이 있었다. 무슨 호텔음식도 아니고 삼계탕 팔면서 어울리지도 않는 건물을 지어놓고 난리를 떠느냐는 건데 오히려 그런 지적이 나를 기분 좋게 했다. 내가 원하는 게 바로 그거였기 때문이었다.

'왜? 삼계탕 집은 왜 럭셔리 하면 안 되나?'

'삼계탕이라는 음식은 좀 낡고 허름한 집, 오래되어서 화장실도 불편한 집, 교외로 한참을 나가 외딴 동네에 있는 촌집에서 먹어야 왠지 더 맛있을 것 같게 여겨진다?'

그것은 고정관념일 뿐이다. 이왕이면 쾌적하고 편안한 환경에서 먹는 삼계탕이 더 좋지 않겠는가.

우리는 배달의 민족

손님이 오시기 어려우면 식당이 손님을 찾아가야 한다. 그리고 그걸 가능하게 하는 것이 배달이다. 물론 그 뜻은 다르지만 어쨌거나 우리는 '배달의 민족'이 아닌가?

'피자도, 떡볶이도, 통닭도 다 배달되는데 삼계탕은?'

물론 삼계탕을 배달하겠다고 나선다면 다들 말도 안 되는 소리라고 할 게 뻔했다. 뜨거운 국물에다 배달하는 동안 조금이라도 식어 버리면 먹기 힘든 것이 삼계탕이다.

배달이 안 되는 데는 그럴만한 이유가 있는 거고 누군들 몰라서, 하기 싫어서 안 하고 있었겠나? 하지만 배달에 대한 미련을 도저히 지울 수가 없었고 오히려 점점 더 꼭 하고 싶어졌다.

'방법을 찾자. 쉽게 안 쏟기고 쉽게 안 식으면 될 것 아닌가? 뭐니 뭐니 해도 배달하면 중국집 철가방이 떠오른다. 헌데 불어 터진 울면 만 배터지게 먹고 쫓겨났던 그 중국집에서 일할 때만 해도 철가방이 아니라 나무로 만든 가방을 사용했다. 다시 말해 가방은 용도에 맞게 만들면 된다. 그리고 삼계탕이 빨리 식지 않도록 하려면 그런 그릇을 만들어 담으면 된다.'

금형공장과 주물공장들을 찾아다니며 삼계탕 배달용 철가방과 삼계탕 배달용 그릇을 설계하고 만드느라 꽤 많은 비용과 시간을 투자했다.

그리고 시제품으로 직접 삼계탕을 담아 배달하는 시연까지 거쳤다. 결과는 성공이었다. 삼계탕 육수가 새지도 않고 쉽게 식지도 않았다. 용기와 가방에 '금산삼계탕' 로고도 사겨 넣었다.

그런 다음 식당 최초로 라디오 광고를 내보냈다.

정말 내가 하고 싶은 말을 그대로 담았다.

'가슴엔 사랑 가득! 삼계탕엔 영양 가득! 삼계탕도 짜장면처럼 배달되는 금산삼계탕!'

광고는 대 히트를 쳤다.

동생이 성서지역에 분점을 내고 다시 라디오 광고를 했다.

'동생도 좀 밀어주세요. 동생 잘 생겼어요. 형보다!'

손님을 기다리는 것이 아니라 직접 찾아갈 수 있는 배달 서비스는 정말 마음에 쏙 드는 일이었다.

당시, 겁 없이 대형면허로 끌어야 할 35인승 관광버스를 1종 보통으로 2년여 동안 몰고 단체손님들을 직접 태우고 다녔다. 지금 생각해도 아찔하다. 또한, 소형차와 맞먹는 비싼 가격임에도 시속 50킬로미터를 넘지 못하는 안전한(?) 오토바이를 일본에서 들여와 배달용 오토바이로 사용했다. 그리고 밥 차, 일찌감치 도입했다가 운영 미숙으로 실패한 후 물건에 대해 잘 모르면 비싼 것을 사면 기본은 한다고, 5톤 화물차를 개조해 만든 정말 비싼 밥 차를 도입해 고객들이 야외에서도 따끈따끈한 식사를 하실 수 있도록 서비스를 했다.

여하튼, 배달 시스템 구축에 이은 라디오 광고는 금산삼계탕이 비약적으로 발전하는 계기가 되었고 얼마 후 금산삼계탕은 대한민국에서 단일 식당으로는 삼계탕을 가장 많이 파는 집이 되었다.

내가 꿈꾸던 식당이었고 난 마침내 끼니 걱정에서 완전하게 벗어났다.

대형면허도 아닌 1종 보통면허로 2년간 대형버스를 몰고 다녔으니… 지나고 보면 내가 생각해도 간 덩어리가 정말 부었나보다.

사랑의 배신보다 더 아픈

내가 간덩이가 부었거나 아님 잠시 정신이 나갔었던 모양이다.

나름 럭셔리하게 식당을 지어놓고 무려 3개월 동안 닭갈비 애피타이저를 손님들에게 내놓지 않았다. 이유도 어처구니없었다. 새로 지은 건물 천장과 벽에 그을음이 생긴다는 것이 그 주된 이유였고 하나 더, 삼계탕이라는 메인요리가 자리를 잡았으니 애피타이저는 적당히 바꿔도 괜찮을 것이라는 어이없을 뿐만 아니라 아주 나쁘기까지 한 생각 때문이었다. 그래서 한 짓이 닭갈비 대신 그을음 걱정이 없는 닭고기 샐러드를 애피타이저로 내놓은 것이었다.

결과는 냉엄하고 혹독했다. 내가 미처 눈치를 채기도 전에 조금씩 손님이 줄더니 점점 티가 확 날 정도로 식당을 찾은 손님의 발길이 줄어들고 말았다. 그제야 내가 얼마나 큰 잘못을 저질렀는지 깨달았다. 정신이 번쩍 들었다. 난 고객의 선택권을 허락도 없이 내 마음대로 빼앗았고, 그 건 닭갈비 맛을 찾아오는 손님들에 대한 배신과 다를 바 없었다.

부랴부랴 닭갈비를 다시 내놓았지만 한 번 실망한 고객의 마음을 되돌리는 일은 여간 어려운 일이 아니었다. 한 번 실망하고 떠났던 손님을 다시 돌아오게 하기까지 길게는 5년이라는 시간이 걸렸다.

난 한마디로 배가 불렀던 거다. 벌을 받아 마땅한 짓을 했다. 다시 또 다짐했다. 두 번 다시는 고객의 마음을 배신하지 않겠노라고.

물과 음식은 바늘과 실의 관계

1990년대 초반 낙동강 페놀 유출 사고가 일어났다. 많은 국민들이 큰 충격을 받았다.

특히 낙동강을 상수원으로 사용하는 대구 경북 사람들의 피해와 충격은 너무나 컸다. 평소와 다름없이 수돗물로 밥을 지었는데 밥이 푸른색을 띠었다. 사람들은 좀 이상하게 생각하면서도 그 페놀로 오염된 밥을 먹고 다시 그 물로 반찬을 만들어 먹었다.

뉴스를 보고 나서야 왜 그랬는지 알 수 있었다. 그런데 온 나라가 물 때문에 한바탕 몸살을 앓고 난 후에도 낙동강 지역에선 잊을 만하면 오염물질 유출 사고가 일어나곤 했다.

그럴 때마다 음식을 만들어 파는 식당은 직접적으로 그 타격을 고스란히 받아야 했다. 페놀 유출 사고 때도 그랬고 특히 물을 많이 사용하는 탕 종류의 음식을 주메뉴로 하는 식당은 피해가 더 컸다.

하천 오염으로 인한 일련의 과정을 겪으면서 뭔가 근본적인 대책을 세우고 싶었다. 그래서 생각해낸 방법이 수돗물이 아닌 생수로 삼계탕을 끓이는 거였다.

'금산삼계탕을 찾아오시는 손님들은 물에 대해서만큼은 안심할 수 있도록 하자'

생수로 끓인 삼계탕의 맛! 비용은 더 들겠지만 분명 음식의 질이 더 나아질 것이라는 기대도 있었다.

맨 왼쪽에 생수차

대구 인근에는 물맛이 좋기로 소문난 가창이란 곳이 있다. 마침 그곳에 지인이 살고 있어 생수를 확보하는 일은 일사천리로 마무리되었고, 부랴부랴 소형트럭 적재함에 뚝딱뚝딱 물탱크를 장착하고 가창에서 대구까지 물을 실어 날랐다. 그런게 아뿔싸! 어설프게 장착된 소형트럭이 물탱크의 무게를 지탱하지 못해 커브 길에서 전복사고가 일어날 뻔한 것이다.

놀란 가슴을 추스르며 식당에 도착하자마자 2.5톤 트럭을 구입해 특장차를 제작했다. 생수 차의 물탱크 안에 좌우 쏠림 방지 장치가 장착되어 있는 제대로 된 생수 운반차였다.

사흘에 한 번씩 신나게 차를 몰고 생수를 가져다 날랐다. 그렇게 3년이 지날 즈음 아쉽게도 지하에서 올라오는 수량 부족으로 그만 둘 수밖에 없었지만, 그 후로도 가뭄이나 홍수로 식수가 끊긴 곳에 물을 실어 날랐고 복지기관 등 여러 곳에서 이용되었다.

특히 대구에 있는 미군 부대에서 부탁을 해와 식수 운반용 차로 빌려 주기도 했는데 덕분에 많은 미군이 금산삼계탕의 손님이 되었다.

식당에서 일어나는 모든 일들에 대한 평가는 결국 식당을 찾는 손님들에 의해 이루어진다. 그런 의미에서 생수 운반용 차량은 확실한 성공작이었다. 손님들이 삼계탕이 더 맛있어진 것 같다며 좋아해 주셨기 때문이다.

물과 음식은 떼어놓고 생각하기 힘들 만큼 서로 밀접한 관련이 있다. 대구시 북구 지역에 체인점을 낼 때도 그랬다. 직접 가서 모든 과정을 함께하고 본 점과 같은 재료, 같은 방법으로 삼계탕을 만들었음에도 뭔가 맛이 달랐다.

도대체 왜 그럴까 하고 고민을 하다 딱 한 가지 차이점을 발견했다. 그건 물이었다. 본점이 사용하는 대구 수성구의 수원지와 북구 지역의 수원지가 달랐다. 혹시나 하는 마음으로 본 점에서 물을 받아가 삼계탕을 만들었더니 그제야 같은 맛이 나오는 거였다.

분명히 물은 음식의 맛을 좌우하는 중요한 요소임에 틀림이 없다.

경쟁이 없으면 발전도 없다

금산삼계탕이 유명해지면서 들안길에 삼계탕집이 몇 곳 더 생겼다. 손님들 중에서 우리 집으로 향하던 차를 돌려 새로 생긴 삼계탕집으로 가는 분도 생겨났다.

은근히 긴장됐다.

'만약 새 식당의 맛이 금산을 능가한다면? 그것이 입소문이 되어 퍼진다면?'

최악의 경우였다. 당장 대책을 세워야 했다. 금산의 삼계탕 맛은 이제 손님들의 입맛에 뿌리를 내렸기 때문에 삼계탕의 맛을 함부로 바꾸는 것은 위험한 일이었다.

기존의 삼계탕은 그대로 두되 한 단계 업그레이드된 새로운 메뉴를 개발하는 것에서 그 답을 찾기로 했다. 늘 그렇듯 새로운 메뉴 개발의 시작은 장보기에서 출발한다.

처음 시작할 때와는 또 다른 긴장을 온몸으로 느끼며 온 정신을 메뉴 개발에 집중했다. 갖은 실험 끝에 식재료들 중 닭, 찹쌀, 인삼이 들어가는 일반 삼계탕과 맛 궁합이 잘 맞는 자연산 송이, 전복 그리고 조개류 등을 찾아냈다.

해산물과 삼계탕의 만남! '전복 삼계탕'과 '해물 삼계탕'이 탄생했다.

혹시나 하는 마음으로 전문연구기관을 찾아가 성분분석을 의뢰한 결과, 영양과 맛을 비롯한 모든 세부 항목에서 합격선을 훌쩍 뛰어넘었다.

새로운 메뉴는 손님들로부터 큰 호응을 이끌어 냈다. 일반 삼계탕에 비해 가격이 비쌌음에도 많은 손님들이 망설이지 않고 주문을 했다.

'천하일미의 음식이라도 매일 먹으면 질리게 마련이다. 맛있는 것은 기본이고 거기에다 매일 먹어도 질리지 않도록 소소한 차이를 주고 거기에서 오는 재미를 느낄 수 있는 새로운 메뉴를 개발해 보자.'

몇 년 뒤, 다시 새로운 메뉴 개발에 도전해 '한방 삼계탕'과 '해계탕'을 만들었고 이 메뉴들 역시 단박에 금산삼계탕의 새로운 인기 메뉴로 자리를 잡았다. 결과적으로 경쟁업체의 등장이 계기가 되어 개발된 새로운 메뉴는 금산삼계탕의 단순한 현상유지를 넘어 한 단계 발전을 이끌어 내는 역할을 톡톡히 해냈다. 그리고 금산삼계탕은 이 새 메뉴들의 원조식당이 되었다.

기본은 지키되 새롭고 다양한 맛을 찾아내는 일은 끊임없이 계속되어야 한다. 가끔 어떤 음식을 서로 먼저 시작했노라고 옥신각신하는 경우가 있다. 이른바 원조경쟁이다.

사실, 사람들이 원조식당을 찾아가는 이유는 더 맛있을 거라는 기대감 때문이다. 그 기대감을 충족시키지 못한다면 간판에 '원조'

라는 두 글자가 식당을 위해 해 줄 수 있는 일은 별로 없다. 원조의 진짜 경쟁력은 건물이나 간판이 아니라 그 음식과 맛에 있다. 그래서 원조 경쟁도 맛으로 해야 한다.

이 세상 모든 경쟁은 과정이 공정하기만 하다면 무조건 좋다. 난 그게 재미있다. 끊임없이 노력하게 만드는 힘으로 작용하기 때문이다. 다른 식당 주인, 심지어 삼계탕집 주인이 우리 식당을 찾아와도 이유가 무엇이든 대환영이다. 식당 주인들이 즐겨 찾는 식당치고 쉽게 망하는 걸 보지 못했다. 그들은 음식에서 전문가들이고 그들이 자주 찾는 식당은 음식이 맛있다는 이야기가 된다.

경쟁하는 것이 재미없다면, 혹은 피해 갈 길을 먼저 찾는다면 식당을 하기가 힘들다. 왜냐하면, 경쟁이 없으면 발전도 없기 때문이다.

작은 것은 미련 없이

가끔 택시를 탈 때 보면, 요즘도 햇빛가리개에 비닐이 붙어있는 것을 자주 목격할 때가 많다.

그럼 난 꼭 묻는다.

"아저씨, 햇빛가리개의 비닐을 왜 벗기지 않는 건가요?"

거의 열이면 열 다 똑같이 말한다.

"먼지 묻을까 봐 그렇죠."

맨 처음 새 차를 뽑으면, 의자와 창문 등이 모두 비닐로 덮여있다. 웃긴 건 나머지 비닐은 다 벗겨 냈으면서 꼭 햇빛가리개 쪽만 남겨놓는다는 것이다. 그런데 잘 보면 이미 비닐에 먼지가 가득 묻어있다. 나는 '폐차할 때나 벗겨 내려나 보다.' 하고 생각하며, 아직 비닐이 붙어있는 햇빛가리개를 바라본다. 하긴 나도 옛날에 차가 귀했을 때, 몇 년을 타고 비닐을 벗겨 냈던 기억이 난다. 그럼 그곳만 새것처럼 깨끗한 느낌이 났다.

햇빛가리개를 내려 보면 거기에는 거울이 달려있다. 활용을 해야 하는데 비늘을 벗기지 않으면 거울을 볼 수가 없다. 아무리 좋게 만들어도 활용하지 못하면 소용이 없는데, 우린 그런 사실을 알면서도 막상 실천하지 못하고 있다. 그러고 보면 옛날 고정관념이 참 무서운 것 같다.

우리 식당도 마찬가지였다. 예전에 처음 식당을 차렸을 때 냉장고와 싱크대 등을 새것으로 사왔는데, 비닐이 다 붙어있었다. 스테인리스 공장에서 흠집이 생기는 것을 방지하기 위해 붙여놓은 비닐을 벗기지 않고 그대로 식당에 납품하기 때문이다. 우리식당 주방에서도 처음에는 선뜻 벗겨 내지 못하고 망설였다. 아무래도 거의 다가 벗기는 것을 원치 않는 것 같았다.

절대 이런 것에 망설이면 안 된다. 비닐은 미련 없이 벗겨야 한다. 특히 싱크대는 재료를 세척하고 음식을 만드는 곳이다. 비닐이 너덜너덜하게 붙어 있으면 위생상 좋아 보이지 않는다. 비닐을 벗기지 않으면 싱크대가 지저분해 보일 뿐만 아니라, 거기에 실제로 얼마나 많은 세균이 사는지 모른다. 우리는 이런 사소한 부분까지도 신경 써야 한다. 만약 지금 식당을 하고 있다면 지금 당장 비닐을 미련 없이 벗겨버리자.

타인의 시선에서 벗어나기

금산삼계탕 3층에는 원룸 형태로 꾸며진 7개의 방이 있다.

예전에 순간의 욕심으로 시작했던 예식장 사업을 그만두고 오랫동안 내버려 두고 있다가 꽤 많은 돈을 투자해 만든 시설이다.

집을 떠나 공부하러 온 학생들을 염두에 두고 만들었지만… 지금까지 빈방만 덩그러니 놀고 있다.

아르바이트하는 학생들이 하루 네 시간 만 일하고 나머지 시간엔 방에서 공부하거나 개인 생활을 할 수 있도록 하자는 게 내 계획이었다. 그렇게 하면 방학 중에 집으로 돌아가기도 그렇고 대구에 있자니 방세가 아까운 난처한 상황을 해결하는 데 도움도 될 것이고 학비도 벌고 공부도 할 수 있으니 이래저래 힘들게 공부하는 학생들이 무척 좋아할 것 같았기 때문이었다.

하지만 내 예상은 완전히 빗나가고 말았다.

우리 식당에서 4시간을 일하고 받는 돈이나 커피숍에서 온종일

일하고 받는 돈이 거의 차이가 없다. 게다가 금산삼계탕은 잠잘 곳을 제공하고 식사도 공짜다. 그런데 커피숍 같은 곳에는 학생들이 서로 아르바이트를 하겠다고 몰려가면서도 정작 삼계탕 집은 아예 거들떠보지도 않았다.

학비를 벌면서 공부할 수 있는 시간보다 때깔과 분위기를 먼저 생각하는 학생들에게는 난 뭐라 해줄 말이 없다. 비싼 등록금에 울고 청년 일자리 부족이 사회 문제가 된다고 해도 말이다.

한 번은 상업고등학교에서 학생들을 가르치는 선생님들이 모인 곳에서 강연할 기회가 있었다. 강연 도중에 이 원룸이야기를 했더니 선생님들도 고개를 끄덕이며 꽤 괜찮은 방법이라며 공감을 해주셨다. 하지만 제자들에게 소개하면 일하러 오겠느냐는 내 질문에는 선뜻 대답하지 못했다. 난 식당을 하려면 함께 일할 직원부터 구해 놓고 시작을 해야 한다고 생각한다. 하지만 아직도 사회는 식당 종업원이란 직업을 창피하게 생각하고 있다는 현실을 이번에

깨달았다.

끼니를 제대로 먹지 못해 닥치는 대로 일을 하던 나의 상황과는 많이 다른 것 같다. 사회 전반적으로 다른 사람의 시선을 의식하고, 타인의 시선에 의해 자신이 어떻게 평가되는 가를 두려워하고 있는 것 같다.

식당일은 창피한 일이 아니다. 오히려 남의 시선을 의식해서 겉으로만 번지르르하고, 뒤로는 불법행위와 사기행각을 벌이는 것이 창피하고 나쁜 짓이다. 다른 사람이 나를 어떻게 보든 내가 떳떳하고 좋아하는 일을 찾아 하는 것이 현명하다고 생각한다. 계속 남의 시선을 의식하여 탈피하지 못한다면, 성공 또한 잡지 못할 것이다.

생색이 아닌 마음으로

해외여행을 자주 하다 보니 외국 동전이 남아도는 경우가 많았다. 한국에 가져온 외국 동전은 은행에서 환전해주지 않는다. 식당을 하면서 무엇을 보든 무엇을 하든 식당일과 연관 지어 생각하는 습관이 들었다. 일종의 직업병 같은 거다. 여행길에서 돌아와 남은 동전을 만지작거리다 아이디어가 떠올라 작은 이벤트를 하나 한 적이 있다.

외국 동전을 달러 가치 기준으로 3달러 이상 가져오는 손님에게 닭갈비를 드리기로 했다. 애피타이저용이 아니라, 한 끼 식사로 부족함이 없도록 별도의 요리를 만들어 드리고 주신 동전은 모두 모아 기부를 하겠다고 밝혔다.

많은 분들이 즐거운 마음으로 동전을 가져왔고, 이벤트가 만료될 때 약 3천 달러의 동전이 모였다. 그 동전이 가득 담긴 양동이를 들고 자선단체를 찾아가 약속대로 기부했다.

어려운 사람을 돕는 것은 좋은 일이다. 그러나 도움받는 사람의 입장을 생각하는 것도 중요하다. 선의를 베푸는 과정에서 받는 사람의 뜻과는 상관없이 그를 공개적으로 드러낸다거나 부끄럽게 하는 것은 선의를 받는 사람으로 하여금 자괴감을 느끼게 할 수도 있다.

선의를 베푸는 것은 분명 좋은 일이지만, 그 선의를 받는 사람의 입장도 고려해야 한다는 뜻이다. 나의 경우도 초등학교 조회 때 고맙다는 느낌보다 막연하게나마 무시를 당했다는 느낌이 더 크게 들었다. 아주 오래전 일인데도 그때를 생각하면 지금도 얼굴이 화끈거린다. 그래서 지금도 도움받는 사람의 자존심을 고려하지 않거나 심지어 그 사람을 들러리로 만드는 자선 행사를 보면 불쾌하다.

10여 년 전, 지역 사회의 유지들이 회원으로 있는 어느 모임에 가입한 적이 있다. 얼마 후 장학금 전달 행사가 열렸는데, 행사장에 초대되어 가게 되었다. 나는 행사가 진행되는 것을 보고 화가 나서 도저히 참을 수가 없었다. 그 자리에서 단상 위로 올라가 마이크를 쥐고 소리쳤다.

"장학금을 주는 건 좋은데 방식이 이래선 안 됩니더."

고함을 지른 것은 장학금 전달 방식 때문이었다.

행사장에는 현수막이 걸려있었는데 장학금을 주는 단체의 이름이 크게 적혀 있었다. 그것까지는 이해한다. 행사가 시작되자 모임 관계자들이 차례대로 나와 장황한 인사말을 하였다. 장학금을 받을 다섯 명의 학생은 말없이 앉아있었고, 장학금 전달 행사가 끝난 후에는 사진 찍기가 시작됐다. 장학금을 받든 학생들을 앞세우고 카메라 플래시가 터졌다. 갖은 생색을 다 내고 난 뒤에야 식사시간을 가졌다. 밥부터 먹이고 뭘 해야 될 거 아닌가?

식사를 하려고 이동하는 학생들의 축 처진 어깨를 보자, 내가 초등학교 조회시간에 있었던 장면이 떠올랐다. 그날 행사에 참여한 학생들도 그리 많지도 않은 장학금을 받기까지 이런저런 자괴감을 느꼈을 것이란 생각이 들었다.

진짜 학생들의 입장을 배려한다면 밥을 먼저 먹이고 행사를 진행했어야 했다. 또 기념사진은 학생들의 의사를 먼저 물어보고, 원치 않으면 행사를 주관한 사람들만 찍으면 된다고 생각한다. 장학금을 주겠다는 명목으로 아이들을 앉혀놓고 서로 자신의 위신만을 강조하고 생색내는 어른들의 모습이 부끄러웠다.

그 후로 나는 모임에 나가지 않았다. 지역사회에서 나에 대한 나

뻔 평판이 돌더라도 감수하겠다고 작정했다. 지금도 그때 내가 한 행동을 후회하지 않는다.

남을 돕는 것은 좋은 일이다. 그러나 타인을 부끄럽게 만들면서 베푸는 자선은 바람직하지 않다. 자존감에 상처를 주기 때문이다. 이것은 동정일 뿐이다. 동정보다 더 중요한 것은 공감이다. 다른 사람의 아픔을 다는 아니더라도 같이 아파하고 이해하려는 것이 공감이다. 물론, 공감이 없는 자선도 어려운 사람을 일시적으로 도와줄 순 있다. 그러나 그 사람의 마음까지 따듯하게 해주진 못한다. 지금 당장 물질적으로 도와줄 형편이 안 되더라도 그에게 진심이 담긴 따듯한 위로의 말 한마디가 돈보다 더 큰 힘이 되어줄 수 있다. 가난했던 어린 시절, 내가 바랐던 것도 동정이 아니라 공감이었다. 그래서 나는 돈을 벌면 꼭 작게나마 힘이 되어주자고 다짐했다.

어머니는 또한 나에게 늘 말씀하셨다.

"식당 해서 돈 좀 벌었다고 자기만 잘 먹고 잘살려고 하면 결국 자기도 망하고 그걸 쳐다보는 사람들까지 망하게 한다. 그러니 식당은 잘 버는 마음이 아니라, 잘 나누는 마음으로 해야 한다."

처음 식당을 시작할 때 가진 돈이 삼천만 원이었던 터라 금산삼계탕이 잘 되고 난 후에 아내와 약속했다. 통장에 삼천만 원만 남겨두고 그 이외의 돈은 무조건 남을 위해 쓰자고. 조류독감 파동을 겪으며 그 돈이 오천만 원으로 오르긴 했지만, 지금까지 어머니의 그 말씀을 지키려 애쓰며 살고 있다.

어머니의 말씀과 더불어 늘 나 자신을 되돌아보게 하는 분이 계신다. 내가 최고로 존경하는 최희순 복지사님이다.

20여 년 전 단체 손님용 식당버스에 장애인들과 그들을 보살피는 복지사님, 그리고 스쿠버다이빙을 하는 내 후배들을 태우고 과메기로 유명한 구룡포의 바닷가로 야유회를 간 적이 있다.

스쿠버 다이빙을 하는 우리 후배들이 바다에서 고기를 잡아 올릴 때마다 모두들 박수를 치며 좋아했고, 갓 잡아 올린 싱싱한 생선을 먹을거리 삼아 배부르게 먹고 잘 놀고 난 다음 대구로 돌아오는 길이었다. 장애인 한 분이 소변이 급하다고 해 국도변 갓길에 차를 세웠다. 최희순 복지사님이 같이 내리셨고 조금 뒤, 그분의 뒷모습을 무심코 바라보던 난 상당한 충격을 받았다. 그곳은 변기나 장애인을 위한 보조시설이 있을 리 만무한 길가였고 그분은 자신의 손발로 그걸 대신하다가 그만 손이 소변에 흠뻑 젖고 말았다. 그런데 그 손을 자신의 옷에 슥 하니 훔치며 마치 아무 일도 없었다는 듯 다시 버스에 오르시는 거였다.

그분은 장애인의 불편한 몸만 보살피는 것이 아니라 마음까지 보살피는 분이었다.

진짜 중요한 것은 누가 누구를 어떻게 도와준다고 말하지 않아도, 진정한 마음은 마음으로만 느껴진다는 것이다.

닭을 위한 위령제

어느 날인가 아침 장거리를 보고 난 뒤에 고디탕의 육수를 끓이다가 문득 그런 생각이 들었다.

'닭 모가지를 비틀어도 새벽은 온다.'

삼계탕을 시작하기 전 그 어려운 시절에 왜 갑자기 그 말과 함께 닭이란 놈이 계속해서 머릿속에서 맴돌았는지 지금 생각해도 이유를 잘 모르겠다.

그냥 어떻든 다시 좋은 날이 온다는 말 같아서 마음에 남았던 것 같다.

암튼 그렇게 시작해서 내 가슴에 남은 그 닭이 나를 가난에서 구제해주고 그 서러운 땟거리 구걸을 하지 않게 해줬음에도 마음만 고마울 뿐이지 인사치레조차 제대로 한 적이 없었다.

물론 닭이란 놈이 애당초 인간에게 음식의 재료로 사용될 팔자를 타고났을 수도 있겠지만, 그래도 살아 움직이는 생명체 중 하나이니 사람을 위해 기꺼이(?) 생명을 내준 그 고마운 닭들을 위로해 주고 싶었다. 사람을 위해 그러는 것처럼 닭들에게도 위령제를 지내주기로 했다. 그래서 사람들에게 '닭 위령제'를 지내겠다고 하니, 한 마디로 '웃기는 짬뽕' 같은 생각이라고 했다. 하필 내가 제일 듣기 싫어하는, 듣기만 해도 끔찍한 짬뽕 같다니… 하지만 어머니와 아내는 적극 찬성을 했다. 아주 좋은 생각이라고 했고, 거기에 힘을 얻어 이왕 할 거면 제대로 한번 해보자 싶어 날을 잡았다.

 수십 개의 만장을 앞세운 행렬이 들안길을 지나가고, 이어 수많
은 구경꾼들이 몰린 가운데 떠들썩하게 굿판을 열고 천지신명께
닭 위령제를 올렸다.
 '닭님들이시여! 고맙심더! 참말로 고맙심더! 여태껏 그래 왔지만
앞으로도 불쌍한 인간 구제해주신 것처럼 계속해서 가장 맛있을
때에 모가지가 비틀리고 댕강댕강 잘려도 그긔 억울케 생각지 마
시고 이 김창민이를 너무 뭐라 하지 마시고 우야든지 기꺼운 마음
으로 희생되어 주이소!'

제1회 대한민국 최초 닭 위령제

직원은 가족이다

왕에게 대들면, 즉 반란을 일으키면 십중팔구 죽는다.

식당에서 왕은 손님이다. 그런데 딱 한 번 반란을 일으킨 적이 있다. 그날따라 엄청나게 바빠 모두들 정신이 없었다. 그러다 보니 아마도 한가한 시간에 비해 손님들이 기다리는 시간이 좀 늘어났던 모양이다.

주방과 홀을 왔다 갔다 하고 있는데 50여 명의 단체손님이 계신 방에서 우리 아주머니 한 분(직원)이 울면서 나왔다. 왜 그러는지 물어보니 깍두기 시킨 것을 빨리 안 가져왔다고 손님으로부터 막말과 욕을 들었다고 했다. 마음이 착잡했지만, 그 아주머니를 달래고 다른 직원을 들여보냈다. 그런데 밖에서 가만히 들어 보니 차마 입에 담지도 못할 욕을 해대는 게 아닌가? 역시나 새로 들어간 직원도 똑같이 눈물을 글썽이며 방을 나왔다. 그 모습을 보는 순간, 그만 이성을 잃고 방으로 뛰어 들어간 나는 50명의 단체 손님을 내쫓는 행패를 부리고 말았다. 한바탕 난리를 치르고 난 뒤 분이 좀 풀리자 나는 제정신이 들어 그분들에게 사과했다. 다행히 그 단체의 대표되는 분과 대부분의 회원들께서도 나를 이해하고 오히려 사과를 해주셨다.

다른 일도 마찬가지겠지만, 식당에서 일하는 분들도 참 고생을 많이 한다. 게다가 내가 잘못 알고 있다면 그 보다 다행스러울 수 없겠지만, 식당 직원들은 퇴직금조차 기대하기 힘든 경우가 많다.

식당이란 곳이 다른 업종에 비해 망하는 비율도 높고 식재료 같은 품목은 매입 자료를 받기도 힘들어 세금과 관련한 부분에서도 불리한 점이 많다. 그럴수록 악착같이 해서 무조건 살아남아야 한다. 무조건 살아남아 세금도 다 내고 직원들을 위해 퇴직금도 적립해야 한다. 특히 수만 리 고국 땅을 찾아 일하러 온 우리 동포들, 참 소중한 분들이다.

우리 식당에는 많은 조선족 동포들이 일하기 위해 다녀가신다. 내 눈에는 그분들 모두가 그 옛날 오늘의 우리들을 위해 만주벌판에서 싸우다 돌아가신 독립군들의 후손으로 보인다. 정말 잘 해드려야 한다.

오늘의 금산삼계탕을 있게 한 공을 따지자면 난 꼴찌다. 내 앞에 아내가 있고 그 훨씬 더 앞에 어머니가 계신다. 그리고 그 모두의 앞에 우리 직원들이 있다.

"얼마 전에 퇴직한 서양, 이젠 서 여사님이라 불러야겠네. 21살에 우리가 만났는데 벌써 마흔이 넘었다며? 나보다 더 성질이 고약한 사람, 유일하게 나한테 막말하고 야단치던 서기자씨! 그래서 내가 더 좋아합니다. 하하"

"국환아! 올해는 꼭 장가가라. 아파트만 사놓고 세도 안 놓고 그냥 놀리면 곰팡이 핀다. 그리고 네가 노총각 스트레스 부릴 때마다 아주머니들이 화장실로 피신하기 바쁘단다. 18년 동안 근무하면서 쉬었던 날 다 합쳐도 2개월이 안 된다는 우리 국환이, 사진만 찍어 주고 떠나려고 하다 지금까지 15년 동안 내 옆을 지켜주며 언제나 싱글벙글 웃는 얼굴로 주위 사람까지 행복하게 해주는 우리 오희 정 실장, 모두 모두 사랑한다.”

“5년 차 되던 해에 형님이 부르셔서 사무장으로 일하러 간다고 거하게 송별회까지 해놓고는 이틀 만에 다시 돌아와서는 눈이 나 빠 글씨가 안 보여 일 못 하겠더라고 하신 정부장님! 그때 우리 집 사람이 한 번 나간 사람은 다시 입사할 수 없다고, 이미 치른 송별 회는 어떻게 할 거냐고 엄포를 놓는 바람에 어쩔 줄 몰라 하며 송 별회에 들어간 돈을 두 배로 토해내실 만큼 순수하신 분. 지금 생 각해도 웃음이 납니다.”

“착하고 공부도 최고로 잘하는 아들을 키워낸 위대한 엄마인 현 숙씨. 나처럼 소주병 따는 소리가 세상에서 가장 아름답게 들린다 고 하셨죠? 건강 생각해서 술 조금만 줄이세요.”

“재훈이 어머님 몇 년 전 고혈압 때문에 일 년인가 쉬셨죠? 이제 고기 너무 많이 드시지 마세요. 제가 좋아하시는 회 많이 시켜드릴

게요! 근데 요즘 다시 살이 좀 찌시는 거 같아요?”

“현명이 엄마! 요즘 피부가 장난이 아니던데 닭발 너무 많이 드신 거 맞죠? 하하! 아기가 있어 4시에는 퇴근해야 하는 고양, 요즘 너무 약해 보여요. 보름에 한 번씩이라도 몸보신 시켜드릴 테니 살 좀 찌세요.”

“20년 전 처음 왔을 때 하도 그릇을 많이 깨뜨려서 내가 쨍 여사라고 별명을 지어준 우리 쨍 여사님! 몸이 아파 5년간 쉬다가 돌아와 다시 그릇을 씻고 계시는 쨍 여사님! 이제 제발 건강히 지내십시오!”

“17년 전 법원 앞에 살았다고 내가 지어준 법원 아줌마, 내가 짓궂은 장난해도 신경질 한번 안 부리는 상동 아줌마! 당신들이 있어 행복해요. 이제 다리 수술해서 정상으로 걸어 다니시는 민채 엄마, 얼마 전 늦게 아들 장가가서 손자 본 황금 아줌마, 나이 많아도 항상 짙은 립스틱 바르고 다니시는 미경 엄마…
그리고 구순 넘은 어머니 때문에 4시에 퇴근하시는 양수씨, 항상 우리 엄마랑 같이 아침 먹는 범물 아줌마, 밤에 하시는 은숙씨, 야간 홀 보는 지은아, 이번에 새로 오신 후덕한 사모님 같은 미숙씨! 우울증 있는 나를 항상 걱정해 주고 힘이 되어줘서 고마워. 다들,

모두 정말 정말 고마워요! 그리고 여름이 되면 만나는 착하고 착한 아르바이트 천사들. 마냥 아이 같은 친구들이 세월이 흘러 아기를 데리고 와 나를 깜짝 놀라게 하면 꼭 내 아들딸 같은 마음이 절로 든다. 올해도 말복 지나면 막창파티 한 번 하자. 모두들 고맙다."

식당과 같은 서비스 산업에 종사하는 분들을 감정노동자라고 한다.

고객의 감정을 위해 자신의 감정을 철저하게 통제하기를 요구받고, 또 그래야 하는 게 맞긴 맞다. 하지만 식당에서 일하는 아주머니들 또한 누군가의 아내이자 어머니이며 동시에 딸이기도 하다. 부부 싸움을 하는 날도 있을 것이고, 여자인 관계로 생리통이나 갱년기 증세로 몸이 마음 같지 않을 때도 있고, 자식 때문에 속상한 날도 있을 것이다. 그리고 또 어떤 날은 친정 부모님이 편찮으시다는 소식에 마음 한가득 안타까움을 안고 출근하는 날도 있을 것이다. 그런 날엔 그분들도 똑같은 사람인지라 자신도 모르게 미소가 전날 같지 않을 수 있다.

물론 서비스 정신에 투철해야 할 식당주인이 프로답지 못하다면 욕을 들어도 마땅하다. 그렇지만 식당 아주머니에게는 이해의 폭을 넓히고, 조금만 더 따뜻한 눈으로 대해주셨으면 좋겠다는 생각이 든다.

우리나라 감정노동자들 4명 중 1명이 상담이나 심리치료가 필요하다고 한다. 그분들에게는 손님의 작은 배려, 칭찬 한마디가 엄청

난 위로와 힘이 된다. 여하튼, 딱 한 번 저지른 반란을 굳이 변명하
자면 이렇다.

'손님도 소중하지만, 우리 직원도 소중하다.'

나 이런 것도 해봤다

'실패는 성공의 어머니'라는 말은 누구나 지겹도록 들어봤을 것이다. 나도 마찬가지다. 하지만 직접 식당을 운영해보니 귓등으로 흘려듣던 그 말이 늘 내 주위를 맴돌고 있었다. 아니 내가 부러 이 말을 찾아 헤매 인 건 아닌지 모르겠다. 물론 실패를 경험하지 않고 성공한다면 제일 좋겠지만, 어디 인생이 그런가? 여기서는 그동안 겪었던 나의 실패담(?)을 몇 가지 소개하고자 한다. 맘껏 웃으셔도 좋고, 새로운 각오를 다지셔도 좋다. 단지 세상에 쉬운 것이 돈 버는 것이지만 더 쉬운 건 돈 까먹는 거라고 지나친 자신감과 욕심이 때로는 화를 부를 수도 있음을 한번쯤 상기하면서…

돈보단 이미지가 우선이다

배달 서비스에 재미를 붙여 새로운 사업을 구상한 적이 있다. 당시는 지금같이 상조회사가 거의 없던 시절이었다. 상조 음식으로 삼계탕을 배달하면 돈이 되겠다 싶어 종교별로 각 장례의식의 표준을 설명한 책자를 만들어 장례식장 관계 업체에 돌렸다. 그러자 반응이 즉각적으로 왔다. 상주 입장에선 주문만 하면 곧장 배달해주는 음식이 무척 편리했던 것이다.

수익률도 생각보다 좋았다. 하지만 그 사업을 1년 정도 하다가 과감하게 접어버렸다.

금산삼계탕이 장례용 음식이라는 이미지가 생긴 것이다. 식당을 하루 이틀 할 것도 아닌데 이런 이미지가 굳어지면 큰일 날 것 같다는 생각에 아차 싶었다.

제일 먼저 손님을 지켜야 하고 금산삼계탕이 잘돼야 하고 크게는 대한민국 삼계탕이 잘 돼야 한다.

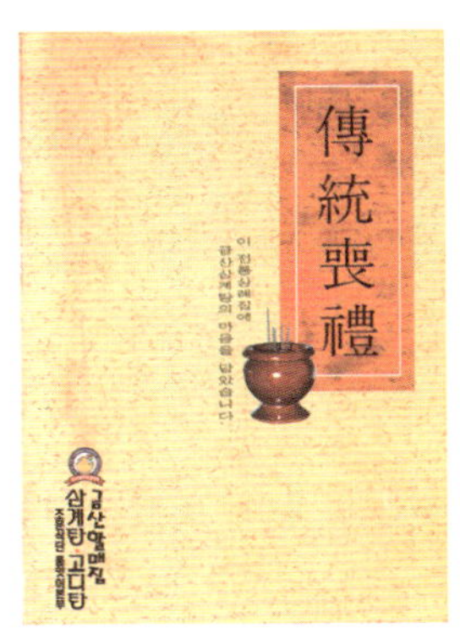

식당의 본분

식당 건물을 새로 지은 후 처음에는 3층 공간을 예식장으로 활용했다. 그리고 예식이 없는 날에는 지역 단체의 모임이나 연회 장소로 대여해주었다.

당시는 예식장 임대업이 최고의 주가를 올리던 시절이었다. 광고를 하자마자 예약이 밀려들었다. 게다가 식사 제공 등 부대 서비스까지 판매할 수 있어서 한번 예식을 치들 때마다 많은 돈이 들어왔다. 하지만 예식장은 처음부터 내가 해서는 안 되는 일이었다.

3층에 마련한 예식장 모습. 현재는 창고 겸 학생들 기숙시설로 바뀌었다.

결혼식은 보통 주말에 열렸다. 예식이 있는 날이면 하객 차가 주차장과 인근 골목을 가득 메웠다. 하객이 많을 경우 주차할 곳이 없어 정작 식당에는 손님을 받지 못하는 상황까지 벌어졌다.

단체 모임도 마찬가지였다. 모임이 있으면 수십 대의 차가 한꺼번에 몰려왔고, 주차장은 물론이고 주변이 온통 난리 통이 되었다.

몰려드는 차들을 안내하고 정리하다 보면 정작 본업인 식당 내부가 어떻게 돌아가는 지 들여다볼 새가 없었다. 손님들의 불편 또한 이만저만이 아니었다.

하루는 식당 카운터에서 계산을 하고 나가시는 손님에게 평소와 같이 인사를 드렸는데 공기 중으로 느껴지는 싸늘한 기운이 온몸으로 전해져 왔다.

순간 모골이 송연했다.

뭔가 대책을 찾지 않으면 큰일 날 것 같았다. 지체하거나 망설인다면 돌이킬 수 없는 지경까지 상황이 악화할 수도 있다는 걸 거의 본능적으로 알 수 있었다.

곧장 예식장 사업을 접어버렸다.

3층에 투자한 돈이고 뭐고 생각하고 싶지도 않았다. 그저 불편을 끼쳐드린 금산삼계탕의 고객분들께 속죄하는 마음으로 한시라도 빨리 예식장의 흔적을 지워버리고 싶었다.

그 후로 식당 3층 건물은 직원들이나 아르바이트 학생들을 위해 원룸 형식의 숙소로 개조될 때까지 텅 빈 채로 있었다.

배신의 종말

성격상 그게 깊은 고민 끝에 나왔든 갑자기 번뜩 떠올랐든 '이건 사업이 되겠다.' 싶으면 일단은 해봐야 직성이 풀린다. 거기다 '아마 한국 최초, 또는 세계 최초 일거야' 라는 생각이 보태지면 더 저돌적으로 저지른다.

저지른다고 한 건 가끔씩 생각만 앞선 탓에 두 발이 공중에 붕 뜨다시피 현실과 동떨어진 일을 앞뒤 없이 밀어붙인 적이 많기 때문이다.

2009년 어느 날, 해물이 가득 들어간 고급 짬뽕을 만들어보자는 엉뚱한 생각을 했다.

당시 전국적으로 짬뽕 전문점이 유행처럼 번지고 있었는데 가만 보니 고급 짬뽕 시장은 비어 있는 거였다. 그 시장을 노리고 원가만 7천 원이 넘는 최상품의 전복이 세 개나 들어가는 1만 2천 원짜리 고급 짬뽕을 개발하고 〈지금은 짬뽕시대〉라는 상호로 2층에서 장사를 시작했다. 결론부터 말하면 얼마 못 가 망하고 말았다.

짬뽕 마니아 중엔 좋아하는 손님도 분명 있었다. 하지만 만만치 않은 가격이 문제였다. 한 그릇을 팔아도 남는 돈은 시중의 5천 원짜리 짬뽕과 별반 차이가 없었다. 그렇지만 손님들 입장에선 1만 2천 원짜리 짬뽕은 부담스러운 가격이었다.

원가가 얼마나 들던, 남는 게 얼마든 그건 어디까지나 식당주인의 일일 뿐이다.

그 음식이 얼마짜리인지 인정해 줄 자격과 권한은 오직 손님에게만 있다. 사실 식당에서 내어 놓는 음식이란 것이 식당주인이 먹어보고 맛이 별로면 손님에게는 두말할 것도 없다. 설령 자신에게는 맛이 그렇게 없을지라도 고객에게 그 맛을 설명해서 설득할 자신이 있는 음식을 가지고 시작하면 성공은 못 하더라도 쫄딱 망하지는 않는다.

음식장사는 그렇게 시작해야만 한다는 것을 터무니없는 실패 끝에 알게 되었다. 새로운 고급 짬뽕을 만들어 놓고도 솔직히 난 확고한 자신감이 없었다. '뭐 이 정도 재료에 이 정도 맛이면 괜찮겠지.'라고 약간은 느슨하게 생각했고, 결과적으로 그건 대단히 위험한 생각이 되고 말았다. 주인이 그 맛에 대해 뚜렷한 자신이 없다면 고객에게는 말할 것도 없는 법이었다.

짬뽕 사업을 끝낼 때쯤 몸서리치는 기억이 망치가 되어 내 머리를 때렸다.

'니 정말 자백 안 하면 인자는 짬뽕 국물로 한번 할 끼다'

짬뽕과 나 사이에는 건너서는 안 되는 강이 자리하고 있었다.

순간적으로 나를 밥 먹고 살게 해준, 모가지가 비틀어져 죽어간 닭들에게 미안했다.

다시는 닭들을 배신하지 않겠노라고 맹세했다.

시도는 신중하게

10여 년 전 도쿄의 한 식당을 방문했을 때의 일이다. 그곳에서 나는 정말 신기한 물건을 보고 감탄을 금치 못했다. 손님들의 테이블 위에서 탕이 끓고 있었는데, 세상에! 그 탕이 냄비가 아니라 나무그릇에 담겨 있는 게 아닌가?

분명 뭔가가 탕을 끓이고는 있는데 우리처럼 휴대용 가스레인지도 아니고 전기레인지도 아니었다. 중요한 건 그게 무엇이든 나무그릇이 타지 않는다는 거였다. 장작불, 연탄불, 풍로, 가스레인지까지 세월 따라 겪어 봤지만, 음식을 익히는데 불꽃이 보이지 않는 것은 처음이었다. 알아보니 '인덕션'이라는 것으로 전기레인지의 한 종류쯤 된다고 했다. 재밌고 신기하고 또 그런 식으로 탕을 데워 먹으면 더 맛있어 보일 것 같았다. 급한 마음에 한국에 돌아와 그 인덕션 50개를 바로 수입했다. 대략 4천만 원 정도가 들어갔다.

인덕션이 도착한 날, 손님들이 좋아하는 모습을 떠올리며 기대에 부풀어 설치했지만, 결과는 한 마디로 실패였다. 손님들은 생소한 그 물건에 대해 사용법을 몰랐고 그러다 보니 우리 직원들이 일일이 가서 켜고 끄고 조작을 해야 했다. 그것까진 뭐 그래도 괜찮았다. 그런데 중요한 건 손님들이 별로 신기해하지도, 좋아하지도 않는다는 거였다.

사용법을 한국어로 번역해 옆에다 붙여놓아도 마찬가지였고 심지어 귀찮아하고 음식을 먹는데 방해된다고까지 하니 그야말로 신나서 저지른 일이 참담한 실패로 끝나고 말았다.

결국, 얼마 못 가 그 비싼 기기들을 몽땅 철거해야 했다. 지금은 우리나라 제품도 많이 나오고 있지만, 당시만 해도 그건 한국에서는 보지 못하는 최첨단 제품이었다.

식당에서 갖추는 모든 시설은 오직 손님을 위한 것이다. 내 눈에 좋아 보인다고 손님 눈에도 좋아 보이란 법은 없다. 신기함에 정신 팔려 무조건 갖다 놓을 것이 아니라 때와 분위기 파악을 해가며 좀 더 신중하게 움직였어야 했다.

신개념 프랜차이즈 '맛닭 멋닭'

어느 날, 진짜 기가 막히게 좋은 생각이 떠올랐다. 적어도 그 땐 그렇게 생각했다.

그 핵심은 이랬다.

'사업도 하고 동시에 사회적으로 좋은 일도 하는, 한 마디로 두 마리 토끼를 한꺼번에 잡는다.'

대구시내 각 복지관에 연락해서 열심히 일하고 싶어 하는 부부 한 쌍씩을 추천해 달라고 했다. 보통 닭집은 부부가 함께하면 일단 작게라도 시작할 수 있고, 열심히만 하다 보면 생활의 기반도 마련할 수 있을 뿐만 아니라 더 큰 성공으로 나아가는 발판도 될 수 있기 때문이었다.

대구 전역 10곳에 가게를 얻어 인테리어와 주방시설을 갖춘 다음 그분들에게 제안했다.

"몸과 열정만 가져오시면 됩니다. 돈은 물론 이고 다른 아무것도 필요 없습니다. 오셔서 열심히 장사하시고 최소한의 비용을 제외한 남는 모두를 가져가십시오."

새로운 메뉴도 개발하고 그에 맞는 브랜드도 개발했다. 모두 전문가에게 의뢰했다. 주먹구구식으로 해서는 될 일이 아니라 생각했기 때문이다. 그렇게 해서 나온 것이 '맛닭 멋닭'이었다.

무엇보다 생계 대부분을 정부의 지원금이나 혜택으로 유지하고 있는 그분들에게 일자리와 희망을 주고 싶었다.

그분들은 당연히 최선을 다해 닭집을 운영하실 것이고 난 그분들 덕에 엄청난 보람과 행복을 느낄 것이었다.

거기에다 원재료를 구매하는 규모가 커지는 데서 오는 약간의 이익까지 보태진다면 정말이지 더 바랄 것이 없었다. 그래서 가맹비가 없는, 더 많은 돈을 벌기 위해 전개하는 체인점 사업이 아니라 진정으로 본점과 가맹점이 서로 돕는 새로운 방식의 프랜차이즈 사업모델을 실현시켜 보고 싶었다. 하지만 이 사업은 처음 시작할 때부터 아내와 자식들, 그리고 직원들까지 모두가 한결같은 이유로 반대했다. 그 사람들이 열심히 하지 않으면 그다음은 어떻게 되냐고? 투자한 금액만 공중에 날리는 것 아니냐고? 하지만 난 버럭 화를 냈다. "입장을 바꿔 놓고 생각해 봐라, 잘 살 수 있는 기회가 주어지는데 열심히 하지 않을 이유가 없지 않나!"라고. 하지만 내가 그토록 고집을 부려 시작한 이 사업은 시작한 지 불과 얼마 되지도 않아 내가 틀렸고 그들이 맞았다는 것을 여실히 드러내고 말았다.

1년이 지난 후 10개 가맹점 중에서 9곳이 문을 닫았다.

하나부터 열까지 모든 건 내 탓이었다. 무조건 열심히 일할 것이고 그거면 다 된다는 막연한 기대에 앞서 보다 세부적인 지침을 마련했어야 했다. 그리고 그에 맞는 교육도 함께 이루어져야 했다. 하지만 난 그렇게 하지 않았다. 그럼에도 불구하고 그나마 다행인 건 딱 한곳, 지금도 열심히 잘하고 계신다. 내겐 참 고마운 분들이다.

여하튼 주변의 반대를 무릅쓰고 추진한 '맛닭 멋닭'은 단일 건으로는 가장 크게 실패한 일로 끝나고 갈았다. 그 손해 액수가 너무 커서 건물 저당이 다 잡힐 정도였다. 1년여 동안 약 15억 정도가 들어갔으니 손해가 이만저만이 아니었다. 가

지고 있던 돈은 물론, 신규로 자금을 만들어낼 수 있는 여력
까지 바닥나고 말았다.

PART
03
내 인생아
고맙다

결국은 자신이 답이다

뉴저지의 악몽

난 누가 뭐래도 한국 음식이 세계에서 최고라고 생각한다.

삼계탕은 우리나라 전통음식 중의 하나이고 이걸 외국으로 가지고 나가 자랑하고 싶은 생각을 늘 마음에 지니고 있었다.

그러던 어느 날, 지인의 소개로 이번엔 미국 뉴저지에서 우리 금산삼계탕의 비법을 전수받고 싶다는 부부를 소개받았다. 그 부부는 상당히 적극적으로 나를 대했다. 처음엔 단순히 삼계탕 비법만 전수하러 간 것이었는데 부부는 나에게 사업에 대한 계획과 방법, 그리고 자신들의 경력을 밝히고 내게 장밋빛 청사진을 제시하며 나를 설득하기 시작했다. 결국 그 부부의 설득에 넘어갔고, 나는 그들에게 모든 조리과정과 금산삼계탕의 운영방식을 설명하고 전수했다. 그런데 일이 진행되면서 그분들에 대해 조금씩 의구심이 들기 시작했다. 도무지 금산삼계탕의 맛과 서비스를 원하는지 아니면 단지 내 돈과 물품이 필요한지 구분이 잘 되지 않는 것이었다. 그들이 한 말, 특히 내게 제시했던 계획과 방안들은 미국 현지에서는 애초에 불가능한 것들이 대부분이었고, 심지어 그걸 알면서 내게 있지도 않은 말들을 했다는 증거들이 속속 드러났다.

이미 시작한 일, 그래도 미련이 남아 설득하고 끌고 가던 와중에 결정적인 일이 터졌다. 미국만큼 주차 문제가 중요한 나라도 없다. 중요한 주차장에 관해서 부부는 개업하기 전에 충분히 주차장을 확보해 두었다고 말했다. 그래서 나는 한국 유명인을 섭외해 라디오 CF를 만들었다. '넓고 넓은 주차장에 금산삼계탕'이라는 CM송으로 뉴욕한인라디오에 광고까지 나갔다. 그런데 나중에 보니 거짓말을 한 것이었다. 가게 건너편 공터를 가리키며 마음껏 쓸 수 있는 주차장이라 해놓고, 정작 개업을 하고 보니 그 주차장을 빌린 것도 아닌 것이다. 게다가 24시간 영업도 서로 합의한 사항이었지만, 현지법상 불가능한 일이었다. 그곳에 사는 사람들이 그걸 몰랐을 리 없고 계속해서 바보가 되어 가는 느낌이 들었다. 함께 일하는 사람들에게는 나를 마치 할 일이 없는 구경꾼 마냥 이야기했고, 심지어 주변 사람들에게 자기들이 내게서 받은 돈이 전혀 없다고 새빨간 거짓말을 하고 다녔다. 결국, 참다못한 나는 지금까지 투자한 비용을 회수하고 철수하겠다고 얘기를 했다. 그러자 그 부부는 지금에 와서 이러면 안 된다고 나를 설득하면서 정히 그러시다면 변호사 사무실 가서 계약서라도 작성하자고 했다. 결국, 그들의 태도에 마음이 약해져 그들을 따라간 변호사 사무실에서 계약서 한 통을 받아들고 귀국했다.

영어가 뒤섞여 있던 그 계약서를 들고 한국으로 돌아와 계약서 내용에 대해 자세히 알아보았다. 너무나 황당하게도 계약서의 내용이 사실과 달랐다. 사업파트너 간의 비즈니스 계약서가 아니라 개인 간의 단순 약속 같은 것으로 법적인 효력이 없다는 게 아닌가? 순간, 온몸이 공중으로 붕 뜨는 듯하고 손이 떨리고 다리가 후들거렸다. 처음부터 끝까지 오직 그들 부부, 사람만 믿고 투자하고 기다리고 지원을 했다. 그런데 약 2억여 원에 달하는 돈과 시간과 정성이 모두 그 부부의 교활한 속임수에 말려들어 사라지고 말았다. 내가 그들에게 돈을 건넨 과정과 내가 이상하다 싶어서 물어본 것들에 대한 그들의 태도와 답변 등, 망치로 한 대 맞은 듯 모든 실체가 한꺼번에 머릿속으로 그려지자 그야말로 철저하게 농락당했다는 느낌에 온몸이 벌겋게 달아올랐다.

그 후유증은 너무도 처참하고 오래갔다. 우울증의 악화, 자살기도, 그리고 후포에서의 칩거생활로까지 이어졌다. 세상을 살면서 맺어진 인연들, 사람이 사람을 향한 정, 그 아름다운 향기, 그 모든 것들이 한꺼번에 무너져 내리는 순간이었다. 서글픈 마음과 함께 그동안 겪었던 여정들이 눈물겹고, 내가 가졌던 믿음이 기울어져

가는 모습을 보는 것이 두렵고 아팠다.

죽는 것도 힘들다

누군가 금산삼계탕은 그 브랜드 가치만으로도 수십억 원대에 이르는 식당이라고 했다. 그런 말을 들으면 솔직히 기분이 좋다. 그렇지만 그게 다였다. 그 수십억 원이란 것이 전혀 와 닿지 않았고 브랜드 가치란 건 내가 잘못하면 한순간에도 날아가 버릴 수 있기에 오히려 마음의 부담으로 다가왔다.

다만 그전에는 미처 생각하지 못했던 새로운 목표에 도전을 해보고 싶었다.

'대구에서 금산삼계탕은 이제 설명하지 않아도 알 만큼 안다. 더 멀리 뛰고 싶다.'

그러던 차에 지인으로부터 한 부부가 금산 삼계탕의 비법을 전수받고 싶다는 얘기를 전해온 것이다. 이것이 앞서 얘기한 뉴저지 악몽의 시작이었다. 막상 뉴저지로 가 부부를 만나고 나니 금산삼계탕을 미국 현지에서 개설하고 싶다는 것이었다. 뉴욕행 비행기 안에서 가슴이 부풀어 올랐다. 뉴저지 금산삼계탕! 그건 단순히 돈을 버는 것만의 문제가 아니었다.

음식은 그 나라 문화의 시작이자 끝이다. 그건 우리나라의 문화를 대표하는 일이다. 그러나 결론부터 이야기하자면 뉴저지 금산 삼계탕은 결국 실패하고 말았다. 돈도 잃고 사람도 잃었다. 해외 진출에 대한 나의 지식 부족과 파트너의 배신이 합쳐진 결과였다.

기대가 컸던 만큼 실망도 컸다. 한국에 돌아오니 가족들 볼 면목도 없었을 뿐만 아니라 몸과 마음이 모두 축 늘어지고 말았다. 억지로 몸을 움직여 일에 몰두를 하려 해봐도 시간이 갈수록 자꾸 가슴 깊은 곳에 숨어 있던 상처가 쓰라려 왔다. 사람이 무섭고 세상이 두려웠다.

믿었던 사람에게 이용당했다는 생각은 나를 견딜 수 없도록 힘들게 했고 점점 인간에 대한 절망에 몸부림치다 급기야 이 절망스러운 세상과 이별하고 싶은 충동에 빠지고 말았다. 사실 그 이전에 한번 그런 충동에 빠져 수성못 옆에 있는 작은 산에 올라간 적이 있었다. 튼튼한 나뭇가지 하나를 골라 허리끈으로 목을 맬 준비를 해놓고 마지막으로 수성못을 내려다봤다.

순간, 신경질이 날 정도로 아름다운 수성 못의 정경이 나로 하여금 담뱃갑을 뒤지게 했다. 두 개비가 남아 있었고 연거푸 다 태운 후 실행에 옮기려는데 겉보기에는 튼실해 뵈던 그 나뭇가지가 툭하고 부러져 버렸다.

하릴없이 다시 다른 나무를 찾아 헤매다 이번엔 그만 이슬에 젖은 낙엽에 미끄러졌고, 아래로 몇 바퀴를 구르는 통에 허리를 심하게 다치고 말았다. 일어서다 다시 넘어지고 발걸음을 옮기려다 또 미끄러지고 하다 보니 어느새 작은 동산을 거의 다 내려와 있는 게 아닌가? 막상 그렇게 상황이 끝나고 나니 스스로 생각해도 내 자신이 어이가 없고 우스꽝스러웠다. 허허로운 마음으로 다음날 신 박사님을 찾아갔더니 약을 처방해주시면서 마음을 넓게 먹으라고 내게 신신당부를 하셨다.

나의 첫 자살 시도는 코믹하게 끝이 났다. 그런데 미국에서 돌아온 후 느낀 충동은 그렇게 간단치가 않았다. 식당일을 온전히 아내에게 맡긴 채 날마다 술로 밤을 지새웠다. 겨우 잠이 들었다가도 온몸으로 땀을 쏟으며 이내 눈을 떴다.

자괴감과 분노가 나를 집어삼켰고 나는 스스로를 놓아 버렸다. 마치 모든 것이 결코 내가 벗어날 수 없는 운명같이 느껴졌고 그간 내가 이루어 놓은 일조차도 모두 허망하게 보였다. 사는 게 지긋지긋했다.

가난에서 벗어나면 사라질 줄 알았던 고문의 상처가 다시 유령처럼 내 영혼을 덮쳤다.

그동안 안 먹고 쌓아둔 약 봉지를 세어보니 낱개로 대략 700알 정도 되었다. 그걸 있는 대로 봉지째 챙겨 들고 집을 나왔다. 그런 다음 가게에 들러 술을 잔뜩 사들고는 정처 없이 떠돌다 해 질 녘 찾아 들어간 곳이 대구 인근 비슬산 근처에 있던 한 여관이었다.

내 머릿속에는 오직 한 가지 바람만이 맴돌았다.

'지울 수만 있다면 뇌를 확 끄집어내서 락스나 퐁퐁으로 빡빡 문질러 씻고 린스로 마무리를 한 뒤 다시 집어넣고 싶다.'

손바닥 가득한 약을 입에 털어 넣고 물 대신 술로 그걸 넘겼다. 그리곤 연거푸 술잔을 기울이다 다시 약을 먹고, 또 술을 마시기를 반복했다. 정신이 몽롱해져 왔다. 약 기운 때문인지 술 때문인지 구분도 되지 않았다.

다만 '배가 부른 걸 보니 내가 약을 먹기는 아주 많이 먹었구나.' 하던 찰나에 정신을 잃었다.

얼마가 지났을까 눈을 떴다. 희미하게 사람의 그림자가 어른거렸지만, 누구인지 알아볼 수가 없었다. 힘이 없어 이내 눈을 감았다.

또 얼마가 지났을까, 다시 눈을 떴다. 아내와 처남이 나를 내려다보고 있었다.

약을 먹은 날 새벽에 여관 주인집 아주머니는 아무래도 이상한 마음이 들어서 보조키를 따고 들어와 쓰러져 있는 나를 발견했다고 한다. 인사불성이 되어 병원까지 구급차로 실려와 사흘 만에 깨어나는 거라고 했다. 그 사이 위세척을 두 번이나 했단다. 의식은 돌아왔지만, 말이 나오지 않았다. 내 이름도 떠오르지 않았다. 내가 있는 곳이 어디인지 분간이 되지도 않았다. 버스를 타고 가다가 깊은 잠에서 깨어났을 때 평소 익숙했던 풍경이 아주 낯선 곳처럼 느껴지는 그런 느낌이었다.

한 달간 병원에서 집중 치료를 받고 퇴원했다. 집에서 누워 지내는데도 여전히 정신은 혼미하였다. 기억과 감각이 온전히 돌아오는 데 다시 한 달이 걸렸다.

술에 취해 약을 다 못 먹고(?) 쓰러졌기에 망정이지 그 많은 약을 다 먹었으면 진짜 큰일 날 뻔했던 걸로 추정이 된단다. 정말 웃지도 울지도 못할 황당하기 짝이 없는 일이었다.

'왜 그랬을까? 갑자기 살아있다는 사실이 얼마나 고맙던지…'

첫 번째는 야밤에 혼자 난리를 떨다가 말았지만 두 번째는 그게 아니었다.

아내는 내게 왜 그런 행동을 했는지 묻지 않았다. 나도 설명하지 않았다. 너무 부끄럽고 미안해서 말을 꺼낼 엄두가 나지 않았다.

정말이지 그건 절대로, 절대로 해서는 안 될 일이었다. 마음조차 먹어서도 안 되는 일이고 그보다 더 큰 불효가 없고 그보다 더 어리석은 짓이 없다.

죽음 직전에 살아났다는 사실이 병원에 가야 한다는 마음을 일깨워주었다. 아주 오랜만에 신 박사님의 병원에 갔다. 청년 시절부터 나를 진료해 온 신 박사님도 어느새 머리 희끗희끗한 노년의 의사가 되어 있었다.

신 박사가 걱정 가득한 얼굴로 처방을 해주면서 간곡하게 말했다.

"마음먹기에 따라 얼마든지 좋아질 수 있다고 긍정적으로 생각해야 합니다.”

처방받은 대로 약을 먹자 상태가 조금 호전되었다. 그러자 얼른 이 상태에서 벗어나야 한다는 생각이 들었다. 가족을 생각해서라도 이 상황을 어떻게든 이겨내고 싶었다.

문득 이런 생각이 들었다.

‘사람 만나는 게 두렵다면 사람이 없는 조용한 곳에 가보자. 자연 속에서 요양을 좀 하면 도움이 될지도 모른다.’

내 이야기를 들은 아내는 다시는 그런 어리석은 짓을 하지 않을 거라는 내 약속을 듣고도 마음이 다 안 놓였던지 처남과 동행하는 조건을 달아 그러라고 했다.

작정한 바도 작정한 곳도 없었다. 무조건 대구를 떠나 차를 몰았고 늦은 오후, 7번 국도를 달리다 경상북도 울진군에 있는 후포항에서 멈춰 섰다.

후포에서 희망을 찾다

그림같이 푸른 바다 때문이었는지 모르겠다. 오는 길에 시골동네도 여럿 지나왔지만, 마음이 그곳같이 움직이지 않았다. 같이 간 처남이 내가 먹고 잘 곳을 찾아주었다. 야트막한 동산을 뒤로 한 작은 집, 무엇보다 우리를 맞아주는 주인 할머니의 모습을 보는 순간, 그 집이 전쟁터 같은 바깥세상으로부터 안전한 피난처 같은 느낌이 들었다. 방에 들어서니 봉창 너머 언덕 위로 야생 들국화가 피어 있었다.

며칠 후 처남이 할머니에게 나를 잘 보살펴 달라고 신신당부를 하고 대구로 떠났다.

'이제부터 뭘 하지?'

정말이지 아무것도 할 일이 없었다. 나도 모르게 웃음이 나왔다. 사실 뭘 해야 할 일도 없었을 뿐더러 뭘 하러 온 곳이 아니었음에도 난 습관적으로 할 일을 찾고 있었던 거였다.

모든 일, 모든 사람, 모든 관계에서 잠시 벗어나기 위해 떠나온 길인데 무얼 한단 말인가?

발길 가는 대로 이른 새벽에 항구로 나가 동이 트는 바다를 보기도 하고 항구로 돌아오는 배를 구경하기도 했다. 어시장에 나가 할머니들이 생선 다듬는 것을 멀뚱멀뚱 쳐다보며 앉아 있다가 집으로 돌아오기도 했다.

종일 돌아다녀도 잠이 잘 오지 않을 때가 많았다. 잠이 오지 않으면 다시 미국 일로 받은 상처가 수술 자국에서 실밥이 터지듯이 되살아났다. 그러면 술을 마시고 잠을 청했다.

어느 날, 일정한 거처 없이 품 팔고 다니는 사람이라 소개를 하고 오징어잡이 배를 탔다. 낮에 바다로 나가 이튿날 아침 돌아왔는데 그런대로 할만 했다.

내친김에 며칠 후 대게잡이 배를 탔다. 평소 첫손가락에 꼽을 만큼 대게 요리를 좋아했던 터라 마음이 동했다. 그런데 오징어잡이 배와는 달리 하루가 지나도 배가 항구로 돌아갈 기미가 보이지 않는 거였다. 이게 뭔 일인가 싶어 무턱대고 물었다가 핀잔만 들었다.

"대게잡이는 한 번 나오면 일주일 하고 들어간다. 그것도 몰랐나?"

결국, 일주일을 바다 위에서 대게잡이를 하면서 보냈다. 배 안에서 주야장천 질리도록 대게만 먹었고, 그 후로는 좋아하는 음식의 순서에서 대게는 뒤로 밀리고 말았다.

바다에서 돌아온 뒤부터는 주로 방에만 틀어박혀 술로 시간을 보냈다. 씻지도, 옷을 갈아입지도, 거울을 보지도 않았다. 방바닥을 뒹굴다 보면 방 한구석에서 빈 술병들도 같이 뒹굴고 있었다. 할머니가 가끔씩 말끔하게 방 청소를 해주셨지만, 며칠도 못 가 방구석 한가득 수십 개의 빈 술병들이 진을 쳤다. 몸에서 술기운이 떨어질 새가 없었다.

가끔 일찍 잠을 깬 새벽녘, 흐릿한 눈으로 약봉지와 술병을 번갈아 바라보고 있으면 '약을 먹을까 술을 마실까?' 하는 생각이 머릿속에 채 떠오르기도 전에 이미 손은 술병을 잡고 있었다.

한 컵 가득 들이켠 소주가 곧장 빈속을 타고 내려가면 그 짜릿한 기운이 다시 등줄기를 감싸고 머리까지 올라와 온몸으로 퍼지면서 눈앞이 환해졌다.

그 순간만큼은 세상 시름이 다 잊히는 듯했고 다시 그 순간이 잊히지 않아 또 마셨다.

어느 날 아침, 좀처럼 하지 않던 봉창의 커튼을 열어젖혔다가 나도 모르게 탄성을 질렀다.

세상이 온통 간밤에 내린 눈으로 하얗게 덮여있었다. 사실 간밤에 내렸는지 어제저녁부터 내렸는지도 모를 일이었다. 계절이 바뀌었건만 난 달라진 게 없었다.

후포에서 세상과 철저하게 담을 쌓은 이래 처음으로 누군가와 이야기가 하고 싶어졌다. 늘 꺼두던 휴대폰을 찾아들었지만, 막상 누구에게 어떤 말을 해야 할지 막막하기만 했다.

하릴없이 휴대폰만 만지작거리다 우연히 메모기능을 발견했다.

방 안에는 종이 한 장, 연필 한 자루도 두지 않았다. 그야말로 방바닥과 벽, 그리고 술병 말고는 아무것도 없었다. 남아도는 게 시간이라 재미삼아 몇 자 적다 보니 그날부터 습관처럼 가지고 놀게 되었다. 그리고 손가락이 익숙해지자 계속해서 휴대폰 문자판을 누르게 할 일거리가 필요했다.

'내 살아온 이야기를 적어보고 싶다. 어디서부터 시작할까? 그래, 어릴 적 이야기부터 기억나는 대로 적어보자.'

그렇게 이 책이 시작되었다. 그다음 날도 또 그다음 날도, 글을 쓰는 게 일과가 되었고 시간은 자꾸 흘러 후포항에 몰아치던 겨울

바리람도 차츰 잦아들었다. 그리고 봄이 왔고 개나리가 활짝 핀 어느 날, 나는 대구로 돌아왔다.

양보할 수 없는 싸움

"아저씨 누구요?"

식당으로 들어서자 카운터에서 일하던 아내가 말했다. 정색하는 아내 말을 듣고 거울을 보니 제멋대로 자란 수염이 얼굴을 반쯤 가린 걸인이 하나 서 있었다.

거의 반년 만에 목욕을 하고 수염을 깎았다.

내가 돌아왔다는 소식을 듣고 매일신문사에 근무하는 조향래씨가 부인과 함께 찾아왔다. 우리는 오래전부터 서로 돈독한 정을 나누며 지내온 사이였다. 부부 동반으로 함께 간 일본 삿포로 여행길에서 일본 전통연극을 관람하러 갔다가 객석에 있던 내가 쇼군 역으로 즉석 출연을 한 적이 있다. 쇼군의 복장도 썩 잘 어울리고 역할도 제법 잘해냈다고 하며 그가 내게 '쇼군'이라는 별명을 붙여줬다.

"쇼군, 다신 그러지 마소. 이런저런 사람들과 어울려서 사는 게 세상살이인데, 혼자서 세상과 멀어지고 사람들로부터 도망친다고 달라질 게 뭡니까?"

그가 내 손을 잡고 말했다. 고맙고 미안한 마음에 이젠 많이 괜찮아졌으니 걱정하지 않아도 된다고 했지만, 그가 다시 고개를 흔들었다.

"상태가 좋아졌다 해도 방심할 수 없는 게 우울증입니다. 내가 아는 의사가 있습니다. 가서 정밀 진단을 받아봅시다."

다음날 영남대학교 병원으로 갔다.

여러 가지 검사를 받고 마지막 순서로 신경정신과를 찾았다. 그곳에서 고맙고 또 고마운 구본훈 박사를 만났다.

"우울증과 알코올 중독이 심합니다. 입원하셔야 할 것 같습니다. 현재 상태로 봐선 반드시 입원치료를 받으셔야 합니다."

생각지도 못한 일이었다. 며칠 후로 입원 날짜를 미루어 놓고 집으로 돌아온 다음에도 내내 머리가 복잡했다.

이러지도 저러지도 못하는 사이 며칠이 지났다. 첫째 동진이는 학군단 장교로 근무하여 오지 못하고 아내와 둘째 동석이가 병원으로 가는 길을 함께 따라 나섰다. 입원 절차를 밟고 9층으로 가는 엘리베이터를 탔다. 중앙 복도를 넘어서자 철문이 앞을 가로막았다. 담당 직원이 문을 열어주는데 문 구조가 2중으로 되어 있었다. 그걸 보는 순간 나와 아내 그리고 동석이의 표정이 무겁게 가라앉았다. 조금 더 들어가니 또 문이 나왔고 직원이 나와 출입자의 신원을 일일이 확인한 다음 통과를 시켰다. 아내가 최종확인 절차를 밟는 동안 동석이와 함께 병원에서 내어준 환자복을 들고 탈의실로 들어갔다. 침묵이 흘렀다.

심호흡을 한 번하고 옷을 갈아입으려는데 동석이가 나를 불렀다.

"아버지!"

어릴 때부터 유독 말이 없던 아이였다. 다 자란 후에도 누가 부르기 전에는 먼저 입을 뗀 적이 거의 없는 아이였다. 그런 둘째 녀석이 제 먼저 말을 꺼냈다.

"집에 가입시더. 아버지는 여기 안계서도 충분히 이겨낼 수 있는 사람입니다."

나를 바라보던 아들의 그 눈빛을 지금도 잊을 수가 없다. 순간 가슴 속에서 뜨거운 뭔가가 치솟아 올라왔다.

"그래, 그래. 니 말이 맞다. 동석아, 고맙다."

환자복을 그대로 들고 나와 데스크에 돌려주며 기다릴 테니 담당 선생님을 만나게 해달라고 부탁을 했다. 지켜보던 아내의 얼굴이 밝아졌다. 한 시간가량이 지나자 구 박사님이 올라왔다. 나는 물론이고 아내의 의사까지 확인하신 구 박사님은 긴 망설임 끝에 입을 열었다.

"5일에 한 번씩 병원으로 오셔서 치료를 받으세요. 그리고 무엇보다 술을 끊으세요. 김창민씨에게 술은 독입니다. 우울증에서 벗어나고 싶다면 술부터 끊어야 합니다."

30여 년 동안 기분이 좋다고 마시고, 기분이 나쁘다고 또 마시고 화가 치밀어도 마시고 우울증이 찾아오거나 불안하고 잠이 안 오면 습관처럼 술을 마셨다. 그리고 후포에서 보낸 날들은 거의 술과 함께 보낸 시간들이었다. 병원의 진단에 의하면 난 이미 심각한 알코올 중독 상태였다. 나는 구 박사님의 말에 곧바로 대답했다.

"예. 예. 그러겠습니다."

정신병동 철문 앞에서 이를 악물고 되돌아섰다.

'지금까지 그게 무엇이든 닥치면 어떻게든 헤쳐 왔다. 나는 한다. 죽든 살든, 설사 실패하더라도 나 스스로 결정한다.'

날마다 마시던 술을 끊자마자 곧바로 금단 증상이 나타났다. 손이 떨려 양손을 서로 맞잡고 버텨야 했다. 24시간 내내 날마다 술의 유혹과 싸워야 했고 하루에도 수십 번씩 고비가 찾아왔다. 하지만 나를 바라보던 아들의 눈빛을 생각하면 그건 차라리 죽으면 죽었지 져서는 안 되는 싸움이었다.

병원에서 가져온 약을 정확하게 먹었고 5일마다 병원에 가는 일도 빠트리지 않았다. 그때마다 아내가 함께 나섰다. 사실 그전까지 내가 신경정신과 약을 복용하는 것을 탐탁지 않게 여기던 아내였다. 내 의지로 이겨내길 바랐고 또 그럴 수 있다고 생각했다. 하지만 몸이 아프면 병원에 가듯이 우울증도 똑같은 병의 일종이라는 것을 받아들이기 시작했다. 그런 아내가 새삼 고맙고 또 미안했다.

"너무 버티기 힘드시면 술 마시고 싶은 충동을 억제하는 약을 처방해드릴게요."

그러고 싶지 않았다.

"괜찮습니다. 제 스스로 이겨 보겠습니다."

Spero Spera!

꾸준히 약을 먹고 통원치료를 받으면서 조금씩 상태가 호전되기 시작했다. 몸의 균형을 잡을 수가 없어 일어설 때마다 휘청거리던 증세도 많이 없어졌다. 다시 세상에 나가고 싶은 마음이 일어났다. 그간의 일들도 훌훌 털어버리고 세상에 적응하는 연습도 해보자 싶어 모임에 나갔다.

모두들 어딜 갔다 왔느냐며 반갑게 맞아 줬고, 분위기가 한껏 달아오르자 여기저기서 내게 술을 권했다. 사람 사는 세상으로 다시 돌아온 실감이 났다. 아직 환자면서도 마치 정상으로 다 돌아온 것 같은 기분이 들었다.

'세상에 나온 기념으로 딱 한 잔만 마시자.'라는 생각과 동시에 술잔을 받아들고 목을 축이듯 마셨다. 그렇게 몇 잔을 받아 마신 후, 갑자기 극심한 자괴감이 몰려왔다. 난 스스로 한 약속을 어겼고, 그걸 깨닫는 순간 내 자신에 대한 분노와 실망감으로 얼굴이 일그러졌다.

집에 오니 괴로움은 더 커졌다. 머리를 쥐어뜯어도 소용이 없었다.

이튿날 눈을 뜬 후 거울 앞에서 다짐했다.

'다시는 술 따위에 지지 않는다.'

굳게 다짐하고 돌아서는 데, 딸아이의 책에 시선이 멈췄다. 책의 한 귀퉁이에 'spero spera'라고 쓰여 있었다. 무슨 말일지 궁금해서 딸에게 물었다.

"외국어 같긴 한데, 영어는 아닌 것 같은데? 어느 나라 말이고?"

딸은 자신이 좋아하는 말이라며 설명해주었다.

"라틴어이고, 우리말로 풀면, '숨을 쉬는 한, 희망은 있다.'라는 뜻이야."

spero spera!

고문의 상처와 사업실패로 몸과 마음이 만신창이가 되었던 젊은 시절을 떠올리니 이 라틴어 격언은 나에게도 적용되는 말이란 생각이 들었다.

당시 고문 후유증으로 지내온 나날들 속에서도 나의 깊은 내면에는 뜨거운 호흡 한 줌이 남아있었기에 견뎌낼 수 있던 것이다. 그것은 어떻게든 살고 싶다는 절절한 욕구였다. 지금껏 나는 살고 싶다는 갈망을 살아야 한다는 의지로 바꾸며 살아왔다는 사실을 새삼 깨닫게 되었다.

'그래 맞다. 어차피 태어나 한번 살다가는 인생, 이왕이면 사람답게 살아보자!'

그 후로 지금까지 어떤 상황에서건 단 한 방울의 술도 입에 댄 적이 없다.

다만, 꿈속에서 여러 번 술을 마셨다. 그리고 잠에서 깬 후 혼자 괴로워했다. 심지어 요즘도 가끔 물을 사러 간 편의점에서 생수병을 집는다는 것이 나도 모르게 술병을 집어 들다 깜짝 놀라 후다닥 내려놓곤 한다.

하루는 술 생각으로 목이 타는듯해 냉장고 문을 열고 2리터짜리 생수통을 꺼내 그 자리에서 벌컥벌컥 반을 비웠다. 그러고 나니 술 생각이 좀 가시는 듯 했다.

그다음 날부턴 매일 아침 눈을 뜨자마자 1리터의 물을 마셨다. 오전에 다시 그만큼의 물을 마시고 오후와 밤에도 같은 양의 물을 마셨다. 그런데 몸에서 뜻하지 않은 변화가 찾아왔다. 화장실을 자주 드나드느라 좀 불편하긴 했지만 그렇게 5일 지나자 소변 색깔이 맑아졌고 화장실에 다녀오면 기분이 상쾌해지는 거였다. 그뿐만 아니라 어지럼증도 없어지고 혈압이 내려갔다. 체중도 줄어 석 달 후 15킬로그램이 빠졌다.

몸이 가벼워지니 일상의 소소한 것들이 새삼 소중하게 느껴지고 주변의 작은 것들이 아름다워 보였다. 자신감도 얻었다. 늘 병원에서 타온 약을 먹는 것 자체가 내키지 않았고 남들 앞에서는 약을 먹는다는 사실을 숨기고 싶어서 복용할 시간이 도어도 꺼내지 않았다. 특히 아침 약을 챙겨 먹지 않았었다. 시간을 꼬박 지킨 것은 아니었지만, 아침 약을 거르는 대신 저녁 약은 빠지지 않고 먹었다. 그런데 웬걸? 아침에 치료 약이 들어있으니 다른 약은 다 안 먹더라도 아침 약만은 꼭 챙겨서 먹어야 한다는 것이 아닌가? 그 말을 듣고 너무 놀라 다음부터 아침 약은 늦게라도 꼭 챙겨 먹었다.

오곡백과가 무르익어가는 어느 가을날, 병원에서 받아 온 약을 꺼내놓고 한참을 보다가 '오곡약'이라고 이름을 붙여줬다. 우울증 약은 가짓수가 많다. 또 유난히 색깔이 예쁘다. 밥도 오곡밥이 색깔도 예쁘고 맨밥보다 몸에도 더 좋다. 그래서 나도 내 몸에 좋은 약이니 '오곡약'이라고 부르기로 했다. 다른 사람들은 몸에 좋으라고 오곡밥만 먹지만 나는 오곡밥도 먹고 몸에 더 좋으라고 오곡약까지 먹는다. 평생 밥을 먹듯이 오곡약도 그런 마음으로 먹으면 되지 않겠는가?

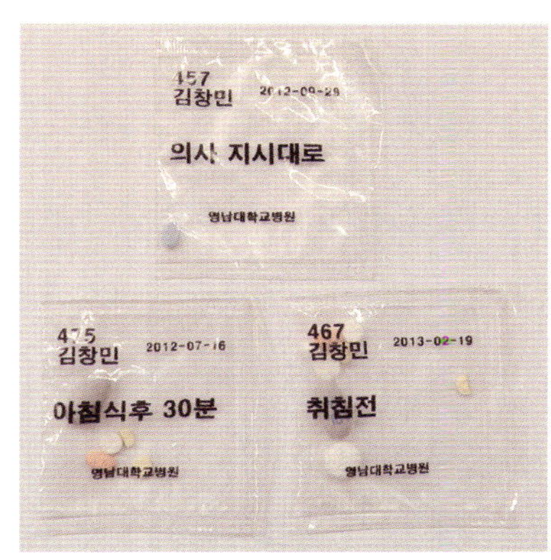

현재 먹고 있는 약

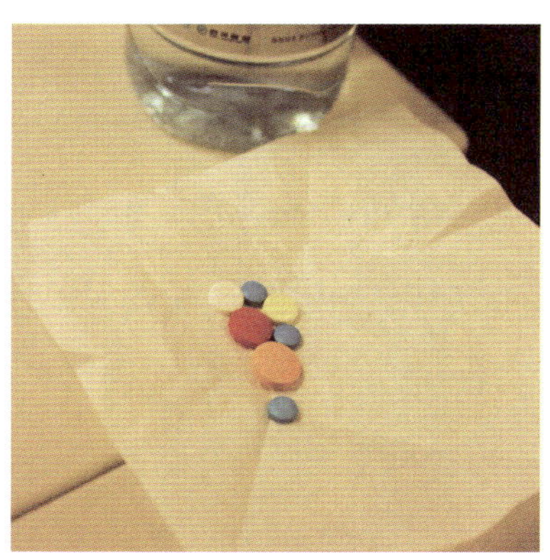

25년 동안 먹었던 약

우울증은 반드시 낫는다

제목 그대로다. 우울증은 불치병이 아니다. 반드시 낫는 병이다. 뇌전증이라고 하는 간질도 이제 의학이 좋아서 하루 1알만 먹으면 평생 재발하지 않는다고 한다.

심리학이나 정신과학에서는 우울증을 '마음의 감기'라고 부른다. 감기는 처음에는 별 거 아닌 것 같지만 이를 치료하지 않으면 여러 가지 복합적인 증상들을 유발 시킬 수도 있다. 물론 그냥 지나가 버리는 경우도 있다. 그래서 우울증도 감기처럼 치료 방법이 있고, 잘 치료하면 낫는 병이라고 하는 것이다.

나는 지금까지 고문 후유증과 사람들의 배신으로 자살을 시도하는 등 심각한 우울증에 시달렸다. 우울할 때마다 우울함에서 벗어나기 위해 술을 찾았다. 차가운 소주병을 잡고 뚜껑을 딸 때 손의 감촉과 소리가 어찌나 감칠맛 나던지… 다음 병뚜껑을 따기 위해 순식간에 소주 한 병을 입에 털어 넣곤 했다.

병뚜껑이 돌아가며 시원하게 들리는 소주는 처음처럼이 최고다. 그 경쾌한 소리가 다음 소주병으로 손을 가게 만들었다. 그리고 공복에 마시는 첫 모금도 그렇게 짜릿할 수가 없다. 몸에서 갈증을 느낄 때 마시는 첫 소주는 온몸에 전율을 일으킨다.

그렇게 소주 사랑은 아침에 일어났을 때부터 시작되었다.

매일 아침 눈뜨자마자 소주병을 들고 뚜껑을 따면 그 경쾌한 소리에 기분이 맑아지고, 컵에 차오르는 소주 물결이 내 마음도 흔들었다. 갈증을 갈구하는 목구멍으로 소주 한 모금을 벌컥벌컥 들이키면 욕구와 만난 소주는 온몸 구석구석에 파고들어 기운을 뻗친다. 그럼 또 한 잔, 또 한 병 마시다 보면 몸은 술이 되고 술은 내 몸이 된다. 그렇게 현실을 잊으며 하루하루를 보냈다.

그랬던 내가 술을 끊었다. 술을 마시지 않은지도 벌써 3년이 넘었다. 술을 끊기 시작한 지 한 1년쯤 되었을 때만 해도 수전증이 너무나 심해 손이 사시나무 떨리듯 떨렸다. 나를 진료해 주시던 신경정신과 선생님도 절대 술을 못 끊을 거라고 생각하셨다고 했다. 그동안 술을 먹고 싶었던 순간, 위기들이 정말 많았다. 하지만 그때마다 나는 굳게 마음먹고 다시 한 번 고쳐먹으며 참고 또 참았다. 약물치료와 병행한 우울증도 차츰 좋아졌다. 이제는 일상생활에 전혀 불편이 없을 정도다. 헤어 나오지 못할 것만 같던 알코올 중독과 우울증의 늪에서 빠져나온 것이다.

우울증이 낫는 병이라는 것은 이렇게 내가 온몸으로 증명하고 있다. 그래서 나는 나와 비슷한 증상을 가지고 있는 사람들에게 희망을 주고 싶다. 우울증이 낫지 않는 병이라고 생각하여 포기하는 사람이 없었으면 좋겠다.

Chapter 02

사장님들 힘내이소

세금폭탄과 분신

내 나름 '럭셔리'한 금산삼계탕을 새롭게 오픈했을 때의 일이다. 금산삼계탕을 시작한 지 대략 10여 년이 지난 뒤라 많은 분들이 축하를 해주셨다. 2층 창밖으로 마당에 늘어선 500개가 넘는 화환을 바라보며 생각에 잠겼다. 뿌듯하기도 하고 조 한편으론 어깨가 무거웠다.

'앞으로 더 잘해야 한다.'

그런데 느닷없이 불청객이 들이닥쳤다. 세무서 공무원들이었다. 정확히 오픈 사흘째 되는 날이었다. 그간 열심히 했고 돈도 좀 벌었으니 아마도 한 번쯤 세무조사가 나올 수도 있을 거라 스치듯 생각해 본 적은 있었지만, 막상 닥치니 상당히 당황스러웠다. 게다가 찾아온 인원이 3명이나 되었고 그 명목도 특별세무조사라고 했다.

일단 2층으로 정중히 모셔 차를 대접하고는 내가 먼저 물었다.

"특별세무조사라니요? 제가 그런 조사를 받을 만한 대상이 됩니까? 이제 막 공사를 끝내고 문을 열었습니다. 마당에 화환 좀 보십시오. 정히 조사를 받아야 한다면 오늘까지 오픈 행사 마치고 저 화환이라도 다 치워 놓을 테니 내일 받도록 해 주이소."

돌아온 답은 차가웠다.

"우리는 우리에게 주어진 일 하는 거니까 공무집행 방해하지 마시고 순순히 조사 받으세요."

말투에서 무슨 죄인 다루듯 하는 느낌이 전해져와 울컥했지만 숨을 고르고 다시 말을 건넸다.

"예 알겠습니다. 공무집행 방해하면 안되지예, 그래도 이제 막 시작하는 집에 이래 하면 망하라는 거밖에 더 됩니꺼? 저 꽃이라도 좀 치우고 하입시더."

조금 더 수위가 높아진 내 발언에 그들은 즉각적인 반응을 보였다.

"뭣이? 여보시오 사장, 당신 며칠 전 MBC 〈칭찬합시다〉 보니까 한 달에 10만 그릇 판다며?"

그들의 말이 짧아졌다. 그리고 '칭찬합시다'에 대한 그들의 언급이 나로 하여금 자제력을 잃게 하고 말았다.

"뭣이라? 지금까지 10만 그릇을 어려운 이웃들한테 돈 안 받고 드렸다 캤지 언제 매상 올렸다 카더노? 테레비보고 세무조사 꺼리 찾을라 카면 내용이나 똑 바로 보고 다녀라. 당장 나가라 고마."

기부한 것으로 세금폭탄을 매기려는 공무원의 행정 남용에 너무나 화가 났다. 내가 길길이 날뛰자 잠시 주춤하다가 불만스러운 표정으로 그냥 돌아갔다. 그리고 한 달쯤 지나 세무서에서 연락이 왔다.

세무서 담당자가 나를 앉혀놓고 차분하게 물었다.

"김 사장, 삼계탕 한 그릇 만드는데 조미료가 몇 그램 들어가요?"

얼마 정도 들어간다고 하니 그 담당자가 "그럼 금산삼계탕에 들어온 조미료의 양으로 세금을 매겨 볼까 한다."고 했다. 순간, 정말 미칠 것 같았다. 그런 식으로 따진다면 나도 할 말이 가득했지만, 입 밖으로 나오지가 않았다. 사실 고백하자면 나는 탈세를 했다. 하지만 그 당시엔 식당 하는 사람은 부가세 환급받을 일이 거의 없었다. 요즘은 많이 바뀌었지만, 당시만 해도 고춧가루, 파, 마늘 등등에 대해 매입 자료를 받아 낼 방법이 거의 없었다. 가만있어도 치욕스럽고 속에 있는 사정을 하소연하려 해도 이미 자존심이 너무 상해 말조차 꺼내고 싶지 않았다.

고문당한 이후로 꽤 오랫동안 공무원에 대한 감정이 별로 좋지 않았다. 당시에도 잘못은 했지만, 현실적인 어려움을 감안하여 차근차근 대화로 풀어나가면 좋았을 텐데 세월이 많이 지났음에도 또다시 내 의견이나 사정은 완전히 묵살당하고, 일방적으로 취조받는 느낌이 들자 너무너무 화가 나 견딜 수가 없었다.

세무조사가 끝나기 하루 전, 주유소를 찾아가 오토바이 기름이 떨어졌다고 둘러댄 후 페트병 두 개에 휘발유를 가득 채워 들고 세무서 옥상으로 올라갔다.

한 병은 바닥에 뿌리고 또 한 병은 내 몸에 부었다. 그리고는 욕을 하면서 다시는 이런 자존심 상하는 세무조사 받는 사람이 없기를 바란다고 소리치며 라이터를 꺼내 불을 붙였다.

아뿔싸! 라이터가 휘발유에 젖으니 불이 안 붙는 게 아닌가? 천만다행으로 난 그걸 몰랐다. 그런 시뮬레이션은 해보질 않았으니… 순간, 공무원들이 날 덮쳤다.

몇 년 뒤 서문시장에서 장사하는 후배가 세금을 내야 하는 일로 나에게 자문을 구하러 왔다. 내야 하는 세금이 약 3천만 원 정도 된다고 했다. 내가 그 후배에게 낼 수만 있다면 그것보다 한 백만 원 정도 더 내라고 하니 깜짝 놀라며 왜 적게 내도 시원찮을 판에 더 많이 내라고 하느냐고 물었다.

그 후배의 눈을 바라보며 진심으로 조언을 해줬다.

"후배야! 돈은 다시 벌 수 있지만, 마음 다치면 억수로 오래간데이."

보험을 다시 생각하다

세무조사로 인해 마음을 다친 후 오히려 세금을 더 꼬박꼬박 잘 내려 애썼다. 그 길만이 내가 생각한 세무서를 상대로 복수하는 방법이었고, 세금에 관한 한 어떤 꼬투리도 잡히지 않으려 했다. 그래야지 내 상처 난 자존심을 회복할 수 있을 것 같았다.

어디 한번 마음대로 해봐라하고 세무서를 상대로 큰소리치고 싶었다. 그런데 세금을 제때 안 내려고 하는 사람이야 그냥 가만히만 있으면 될지 몰라도 실수 없이 제때에 빠트리지 않고 내려고 하니 그야말로 세금에 대한 공부가 필요했다.

세금의 종류와 항목, 그리고 납부시기에 대해 알고 있어야 미리 준비하고 신경을 쓸 수 있기 때문이었고 덕분에 절세의 방법도 함께 알게 되었다. 그리고 세금과 그 성격은 다르지만, 매우 중요하게 생각해서 꼬박꼬박 신경 써서 챙기는 것이 있다. 바로 보험이다.

보험도 마찬가지로 아주 불쾌한 사건으로 인해 더 자세히, 더 많이 알게 되었다.

아주 오래전, 내겐 정신적 지주와 다름없던 우리 큰 형님이 돌아가셨다.

지금도 생각하면 가슴이 미어질 만큼, 큰 형님은 아버지가 돌아가신 후로 내게는 정신적인 지주 같은 분이셨다. 그런데 장례식을 치르고 한참 후에 형수님으로부터 형님이 돌아가시기 3년 전에 보험을 넣어 놓으신 게 있다는 이야기를 들었다.

남은 가족들에게는 그나마 다행한 일이었다. 내가 나서 곧장 보험회사로 전화를 걸어 물어보니 보험금을 지급할 수 없다는 거였다. 이유가 아주 오래전에 형님이 다니던 회사에서 종합검진을 받으신 적이 있고 거기에 간염 보유기록이 있기 때문이라고 했다. 전화하다 말고 말문이 막혀 그 생명보험회사를 찾아갔다.

나를 앉혀 놓고 담당자는 아주 고압적 태도로 규정이 어떻고 하면서 안 들어도 될 훈계까지 늘어놓았다. 열이 있는 대로 솟구쳐 오르는 걸 참아가며 말을 꺼냈다.

"여보시오. 우리 형이 간염이 있는데도 불구하고 보험을 넣었다고 칩시다. 그러면 그때 보험을 받지 말아야 하는 거 아니요? 이제 와서 간염의 흔적이 발견되었기 때문에 보험금을 못 준다? 그러면 그동안 보험료는 왜 받아갔소? 이거 말이 되는 소리요?"

내가 재차 따지자 보험회사 담당자는 눈도 깜박 않고 얄밉도록 차분한 목소리로 내게 말했다.

"약관이 그렇습니다. 원금만 찾아가시면 돼요. 만약에 원금을 찾아가지 않으면 저희 회사로 귀속됩니다."

나는 그만 폭발하고 말았다.

"우리 형님, 그 사람 보험이 뭔지도 모른다. 모집원들이 찾아와 억지로 마음 약한 우리 형님 꼬드겨서 보험 넣게 해놓고 이제 와서 뭐가 어째? 언제까지 안 찾아가면 그나마 낸 돈도 너그가 가진다꼬? 에라이 나쁜 놈들아! 니들 편한 대로 규정 만들어 놓고 너거는 손해 보는 거 하나도 없고 마구잡이로 모집만 해서 보험 들어놓은 사람들 돈 불려가 잘 쳐묵고 잘 살아라. 이 빌딩도 그런 돈 가지고

산 거 아이가? 천년만년 그렇게 잘 묵고 잘 살아라. 에이 나쁜 놈들!"

화가 머리끝까지 나서 소리를 질렀다. 하지만 그래 봤자였다. 그들로부터 돌아오는 건 아무것도 없었다. 집에 돌아와서도 분이 안 풀려 씩씩거리다 도대체 뭔 이따위 보험이 다 있는지, 정말 보험회사란 게 어떻게 사람을 등쳐먹는지 자세히 알고 싶어졌다. 그렇게 시작한 보험에 대한 공부, 그런데 보험에 대해 알아갈수록 나쁜 점보다 좋은 점이 자꾸 눈에 보이는 게 아닌가? 나중엔 아예 보험이란 도적이 아니라 꼭 필요한 친구 같은 존재라는 쪽으로 생각이 바뀌고 말았다.

특히나 우리 같이 식당 하는 사람들은 퇴직금은 물론이려니와 갑자기 불의의 사고를 당하면 그 대책이 없다. 그래서 특히 종신보험 하나쯤은 반드시 들어두는 것이 좋다고 생각한다. 어디까지나 내 생각이긴 하지만 미래에 대한, 그리고 안전에 대한 보장으로 보험만 한 것이 없다.

다만 내게 맞는 보험을, 그리고 그 내용을 잘 알고 가입해야 한다.

요즘은 예전에 비해 보험 상품도 다양해지고 서비스의 질과 운영 방식도 향상되고 정교해졌다. 예를 들어, 간이 나빠져서 병에 걸렸다면 보험을 들 때 간을 제외하고 들 수 있는 보험까지 나와 있을 정도다. 현재 금산삼계탕도 각종의 다양한 재해보험에 가입되어 있다. 화재나 수재에 대비한 보험에다 주차장에서 사고가 생기면 해결해 주는 보험, 심지어 손님이 식사하시다 밥에서 돌이 나와 이를 상하게 되는 경우를 대비한 보험도 가입되어 있다. 그리고 종신 보험! 아주 오랫동안 꼭 들고 싶었지만, 고문 후유증으로 인한 정신과 병력 때문에 가입하지 못했다.

지금은 퇴직하셨지만, 내내 우리 가족 보험과 자산관리에 관한 설계까지 도와주신 한 여사님도 본인의 일을 떠나 진심으로 안타까워했다. 그리고 다행스럽게도 내가 보험이라는 걸 엄청 싫어할 때 아내가 나 몰래 가족들의 장래를 위해 보험을 들어놓은 게 이미 있었다.

보험은 돈이 없을 때 더 열심히 들어야 한다.
노후를 생각해서, 그리고 사랑하는 가족을 위해서….

신용보증기금 이용

자영업자들에게 저리로 시설자금을 융자해 준다는 안내를 받고 신용보증기금을 찾아간 적이 있다. 그런데 보증기금을 찾아가면 은행에 가서 뭘 떼어 오라하고 은행을 가면 보증기금 가서 또 뭘 하라 하는 바람에 다섯 번쯤 왔다 갔다 했다.

이런 서류, 저런 자료를 하나씩, 꼭 한 번에 하나씩 이야기하는지라 한 달이 넘도록 결말이 나지 않았다. 나중에는 약이 올라, 한 번 끝까지 가보자 싶어 모든 서류를 다 제출하고 마침내 자금을 수령할 수 있게 되었다. 그런데 그게 끝이 아니었다. 3년 동안 갚기로 되어 있는 자금에 대한 이자를 한 꺼 번에 다 제하고 주겠다는 게 아닌가? 어이가 없었다. 왜 그렇게 해야 되냐고 묻자, 담당자의 말이 싫으면 말라는 식이었다. 미칠 노릇이었다.

"보세요, 창업에 돈이 필요해서 찾아오는 사람들도 많을 텐데 이자를 한 번에 다 내라고 하면 어떻게 합니까? 도대체 어디에 그런 규정이 있는지 한번 봅시다."

다시 조목조목 따져 물었다. 상식적으로 그런 법이 있을 리 없었고 담당자는 말문이 막혔다. 그냥 관례가 그렇다고 할 뿐이었다. 화가 치밀어 올라 소리쳤다.

"이런 식으로 하면 돈 안 빌려요! 그리고 신문광고를 내서라도 이런 부당한 처사로 인해 피해를 당한 사람들을 찾아내고 다 함께 힘을 모아 대응하겠어요."

그대로 몸을 돌려 식당으로 와 버렸다.

얼마 후, 신용보증기금에서 좀 높으신 분이 식당으로 나를 찾아왔다. 그리고 나를 설득하는 과정에서 그 담당자가 내가 감히 그림자도 밟을 수 없는 하늘같은 선배님의 친구 분 아들이란 사실도 알게 되고 말았다.

'쩝! 따지고 보면 그 친구가 무슨 죄가 있겠는가?'

앞으로는 신용보증기금을 찾아가는 자영업자들에게 절대로 이런 짓을 하지 않을 거라는 약속을 받고 정중히 배웅해드렸다.

열심히 일하는 자영업자들이 다시 그런 부당한 처사를 당하지 않길 바라며….

세입자의 권리 찾기 그리고 상생

상가 주인과 세입자의 관계는 좋을 수가 없는 것인가?

가게 세도 꼬박꼬박 잘 냈는데 갑자기 빼라며, 권리금은커녕 내부 인테리어비도 찾지 못하고 가게 보증금만 주고 쫓아내는 상가 주인 이야기를 들은 적이 있다. 정말이지 생각만 해도 화가 난다.

멀쩡히 식당운영을 잘하고 있는데 상가 주인이 가게를 빼라고 한다면 빼주어야 하는가?

나도 수없이 당해봤지만 내가 아는 식당 중에도 몇 몇 식당이 이런 일을 겪었다. 부부가 하는 15년 단골 고깃집이 있다. 그 집은 옛날에 울릉도로 가는 선착장 근처에 있는 식당이었는데, 좀 더 올라와 전세를 얻어 고깃집을 시작했다. 돈을 들여 내부 수리도 하고, 하나하나 식당의 구색을 갖춰가는 것에 수고를 들였다. 부부의 음식 솜씨가 워낙 좋아 그곳에서도 몇 년 만에 수리비를 충당 할 정도였고, 나중에는 식당에 앉을 자리가 없을 정도로 장사가 잘 되었다. 그런데 주차공간이 모자라기 시작했다. 부부는 번 돈으로 그 옆의 땅을 사들여 주차장으로 쓰려고 했다.

땅을 구입하고 얼마 지나지 않아, 상가 주인이 부부에게 찾아와 나가 달라고 하는 것이었다. 고깃집 부부는 "이곳에서 돈도 많이 벌고 전세도 좋은 가격으로 해주었으니 좋은 마음으로 흔쾌히 나가겠다."고 했단다. 하지만 막상 나가자 갈 곳이 마땅치가 않아, 그 전에 땅을 사둔 곳에 건물을 세워 똑같은 식당을 차렸다고 한다. 그런데 상가 주인이 나가라는 이유를 알고 보니, 자신의 친척이 그 식당을 하기 위함이었다. 결국, 의도하지 않게 바로 옆에 똑같은 식당을 차려 장사를 시작하게 된 것이었다. 결과는 상가 주인의 참패였다. 부부는 지금도 성업 중이다.

또 창원 진해에 '미송 초밥'이라는 일식집이 있다. 이 식당 주인 역시 당시 상가 주인에게 쫓겨나 직접 식당을 지어서 일식집을 운영하고 있다. 진해에 있기 전에는 남포동에 있었는데, 거기서 장사가 잘 되자 얼마 안 있다가 상가 주인이 나가라고 했다고 한다. 지금은 밀리고 밀려 식당을 운영하고 있지만, 부부가 쉴 땐 쉬어가면서 치열하지 않게 조금 내려놓고 식당을 운영하고 있어서 부부는 만족한다고 한다. 솜씨는 말할 것도 없이 좋아서 한번 다녀간 손님은 단골이 된다. 그러나 원래 음식점 주인을 쫓아내고 그 자리를 차지한 상가주인들의 결말은 해피엔딩을 본 적이 없다.

손님이 처음에는 바보 같이 모르는 것 같아도 나중에는 다 알게 된다. 시간이 얼마큼 걸리느냐의 차이일 뿐이다.

처음에 말했던 것처럼 상가 주인과 세입자가 잘 지낼 수는 없는 것일까? 일부 상가 주인이 착각하고 있는 사실이 있다. 세입자와의 관계를 종속관계, 심지어 주종관계로 알고 있는 것이다. 이런 잘못된 생각을 고쳐야 한다. 상가주인과 세입자는 상하관계가 아닌 상생관계다. 장사가 잘 돼야 가게 세를 밀리지 않고 잘 낼 수가 있고, 건물의 가치도 올라가기 때문이다.

마침 가게세 말이 나와서 그런데, 우리가 흔히 아는 상식으로는 보통 선불로 내는 것이라고 알고 있다. 그러나 월세는 원칙적으로 후불이다. 예를 들어 월세를 내고 입주를 하여 다음 달 월세를 열흘 정도 늦게 주었다고 해도 그게 월세가 밀린 것이 아니란 뜻이다.

한 가지 더, 법적으로 주인에게 쫓겨나는 세입자의 권리를 주장할 수 있는 법이 있다. '부속물매수청구권'이라는 것이다. 건물 주인이 철거해야 하는 경우에는 어쩔 수 없는데, 그게 아니라 단순 명도를 요구할 시에는 세입자가 제 3자에게 양도하는 것을 방해하면 안 된다.

건물주 입장에서 자신의 건물 내에 잘 되는 가게를 보면, 당장 눈앞의 이익에 내쫓고 차지하고 싶은 욕심이 생길 수도 있다. 그러나 길게 보면 결코 이익이 될 수 없다. 사람의 입맛은 정직하기 때문이다.

내부수리 비용도 받지 못한 채 눈물을 머금고 쫓겨나야 하는 세
입자도 억울하고 분한 것은 당연하다. 우리가 당연하게 여기고 있
던 몇 가지 사항들을 바로 알고, 앞으로는 세입자도 자신의 정당한
권리를 내세워서 억울하게 쫓겨나는 일이 없었으면 좋겠다.

PART 04 지피지기 백전불태

Chapter 01

식당만사 인생만사

음식 스타일

식당 주인이 느끼는 기쁨과 보람 중에 정성 들여 내어놓은 음식을 손님들이 맛있게 드시는 모습을 바라보는 것만 한 것이 없다. 특히나 외국 손님들이 우리 전통음식을 드시는 모습을 보면 뭔가 묘한 또 다른 기쁨을 느낀다.

2001년. 금산삼계탕은 호텔을 제외한 일반 음식점 중에서 전국 최초로 문화관광부에서 선정한 우수식당이 되었다. 이어서 한국관광공사로부터도 '맛있고 깨끗한 집'으로 선정되었다. 그런저런 연유로 인해 금산삼계탕에는 외국인 손님들이 꽤 많이 찾아오신다. 그중에서도 중국인과 일본인의 숫자가 단연 압도적으로 많은데, 그들이 삼계탕을 먹는 모습을 보면 음식을 대하는 방식이 칼과 포크를 사용하는 서양 사람들과는 많이 다르다.

일본 사람들은 평소 면 종류를 즐겨 먹는 식습관처럼 삼계탕도 국수를 먹듯이 앞 접시에 덜어 앞 입술을 내밀고 후루룩 소리를 내며 먹는다. 우리나라 사람들 기준으로 보면 좀 이상하게 보일지 몰라도 이미 먹어본 음식임에도 뭔가 새로운 발견을 한 듯 즐거운 눈으로 음식을 살펴가며 열심히 먹는 모습이 참 보기가 좋다. 오히려 그것이 음식에 대한 관심과 음식에 대한 예의를 그들만의 방식으로 표현하고 있는 것 같이 보여 마음 한편으로 고맙기도 하다.

중국인들도 대체적으로 약간의 차이가 있긴 하지만 비슷하다. 젓가락 문화에 익숙한 동양권 사람들인지라 입술이 좀 나와 있고 앞니도 좀 돈보인다. 그리고 삼계탕을 먹는 모습에서 보이는 차이는 우리나라 안에서도 찾아볼 수 있다.

모두가 다 그런 건 아니지만, 경상도 사람들은 삼계탕이 나오면 일단은 국자로 부셔서 뼈째 그릇에 옮겨 담아 한 번에 먹는 경우가 많다. 반면, 전라도 지역에 사는 분들은 과정이 이보다 좀 더 복잡하다. 먼저 닭 뼈를 정성스레 추려낸 뒤 고기를 먼저 다 먹는다. 그리고 남아 있는 찹쌀밥을 반쯤 먹고 나머지는 깍두기 국물을 넣어 마저 든다. 정말이지 전라도 사람들이 음식을 다루고 대하는 태도를 보면 음식에 대한 예의를 보는 것 같아 존경스럽기까지 하다.

물론 이 또한 다 그렇다는 이야기는 아니다.

여하튼 나라마다 지역마다 음식을 대하는 태도나 먹는 방식은 당연히 차이가 있을 수 있다. 단지 음식을 함부로 대하지만 않아도 그걸로 충분하고 맛있게 들어주기까지 한다면 그야말로 눈물겹도록 고마울 뿐이다.

음식에 대한 예의

식당에서 냉면이 나오면 다짜고짜 식초나 겨자 등을 대중없이 넣고 젓가락으로 휘휘 저어버리는 사람들을 가끔 본다. 만약 냉면을 만든 사람이 그 모습을 본다면 좀 슬퍼질 것 같다. 나만의 생각일진 몰라도 먼저 육수의 맛을 본 다음에 취향에 맞춰 간을 하는 것이 먹는 사람에게도 훨씬 더 이로울 것 같다. 그리고 내 몸을 위해서라도 형편이 허락하는 한 음식을 소중하게 생각하고 그 특성에 맞춰 최대한 맛있게 먹어야 하고 그렇게 하는 것이 음식에 대한 매너와 예의를 지키는 하나의 방법이 된다고 생각한다.

냉면 한 그릇에 무슨 예의까지 들먹이느냐고 할 수도 있겠지만, 식탁 앞에서 기도하는 모습을 쉽게 볼 수 있듯, '먹는다'는 것은 가장 일상적인 행위인 동시에 경건함과 감사의 마음을 불러일으키는 신성한 행위이기도 하다.

식탁은 가족을 모이게 하고 친구와 정을 나누게 하고 이웃을 한 자리에 둘러앉게 한다. 식당을 찾은 손님에게까지 음식에 대한 예의를 요청할 수는 없겠지만 적어도 식당을 하고 있는 사람, 식당을 하려는 사람들은 먼저 음식에 대한 예의를 한 번쯤 생각해 볼 필요가 있을 것 같다. 식당 하는 사람이 음식을 돈벌이 수단으로만 생각한다면 그건 정말 음식에 대한 예의가 아니다. 십여 곳의 식당이 있으면 살아남는 곳은 불과 두세 개에 불과하다는 말이 있다. 그만큼 식당은 쉽게 열 수는 있을지 몰라도 성공하기는 어려운 사업이다. 만약 조급한 마음에 오직 돈만 좇아간다면 그 망하는 시점은 더 빨리 닥쳐오기 마련이다.

한 번은 식당사업을 하려 나를 찾아온 사람에게 물어본 적이 있다.
"어떤 마음으로 음식을 만들 것입니까?"
그러자 그분은 열의를 가득 담은 얼굴로 내게 말했다.
"내 가족, 내 부모에게 드리는 마음으로 음식을 만들겠습니다."
난 그 정도로는 부족하다고 말했다.

1박 2일로 야외에서 진행되는 장애인 단체의 행사에서 현지에 취사시설이 없다는 이야기를 듣고 두 아들과 함께 밥 차와 생수 차를 몰고 찾아간 적이 있다. 그때 장애를 가진 자식에게 그 부모님들이 음식을 만들어 먹이는 모습에서 눈물겹도록 지극한 정성과 사랑을 봤다. 식당 하는 사람의 자세는 그 부모님의 마음 같아야 한다.

그것이 손님에 대한, 음식에 대한 예의다.

비법

TV 프로그램에서 유명한 식당, 맛있는 식당을 소개할 때 며느리도 모르는 비법이라며 자랑할 때가 있다. 물론 취재진에게도 절대 공개하지 않고 보는 사람들은 뭔가 대단한 것이 있으려니 하는 궁금증을 가지게 된다.

비법? 물론 있을 수 있다. 여러 사람에게 같은 재료를 주어 김치를 만들게 해도 똑같은 맛을 기대하기는 힘들다. 재료를 넣는 순서부터 그 양과 사용하는 방식이 다를 것이고 거기에다 각자의 손맛도 다를 것이다. 그 과정에서 자기만의 노하우가 쌓일 수 있고 다시 경험이 축적되면 또 다른 방법도 개발하게 될 것이다. 하지만 비법이란 것이 음식의 수준을 만들어내는 전부가 될 수는 없다. 그리고 그 비법이 식당을 유지시켜 주지도 않는다. 오히려 비법에 대한 맹신이 실패를 불러오기도 하고 음식을 조리하는 과정에서 결코 권장할 만한 것이 못 되는 요소들이 비법이라는 이름으로 포장되어 감추어질 수도 있다. 다른 사람은 어떨지 몰라도 난 그게 비법이든 아니든 음식을 만드는 과정과 방법을 공개하는 것이 나쁘지 않다고 생각한다.

예전에 선화禪話를 잘 그리기로 이름이 높은 수안 스님의 법문을
들을 기회가 있었다.

스님께서는 갓 스무 살 즈음에 태백산 자락에서 먹었던 김치의
맛을 잊을 수가 없어 늘 마음에 담아 두고 있다가 40여 년의 세월
이 흐른 후 우연히 통도사의 어느 암자에서 그 김치 맛을 다시 볼
수 있게 되었다고 했다. 그동안 어디에서도 찾을 수 없었던 맛이
왜 여기에 있을까 하고 가만히 생각한 스님은 그 통도사 암자가 위
치한 산 높이와 기후가 그때 그 태백산 자락과 비슷하다는 것을 깨
달았다고. 그렇게 스님과 이야기를 하던 중 스님이 참 감동적인 이
야기를 해주셨다.

"이 세상엔 내 그림을 흉내 낸 작품이 참 많다네."

"그림을 구매하는 사람들은 다 스님 작품으로 알 거 아닙니꺼."

"그렇지."

"아이고, 마이 속상하시것네요."

"허허허. 처음엔 속상했지. 그런데 마음을 바꾸었다네. 비록 내가
그린 그림이 아니더라도 그런 그림이 세상에 많이 나오면 나의 화
풍을 더 많은 사람이 알 수 있을 게 아닌가. 지금은 그렇게 생각하
고 있다네."

나는 스님과 대화를 나누면서 고려청자가 떠올랐다. 청자는 조선
시대를 거치는 동안 그 맥이 끊어졌다고 한다. 왜 끊어졌을까? 혹시
청자 만드는 방법을 후세에 자세히 가르쳐 주지 않아서가 아닐까?

식당에 돌아와서도 스님 말씀이 자꾸 떠올랐다.

사실 나는 그때까지만 해도 금산삼계탕의 비법을 다른 사람에게 알려줄 생각이 전혀 없었다. 그런데 스님 말씀을 들은 후 생각이 달라졌다. 뒤이어 좋은 생각이 떠올랐다. 손님이 우리 식당에 오지 않아도 집에서 금산삼계탕 맛을 볼 수 있게 하면 어떨까? 하는 생각이었다. 그럼 화가의 화풍처럼 금산삼계탕의 음식 풍도 널리 퍼질 것이다. 사람들이 맛있게 먹고 삼계탕이 더 사랑받는 음식이 된다면 길게 보았을 때 우리 식당에도 좋은 일이다 싶었다.

당장 작업에 들어갔다. 식당 홈페이지에 금산삼계탕 만드는 비법(?)을 공개했다. 그리고 인터넷이 익숙하지 않은 어르신들을 위해 『비법을 공개합니다』라는 작은 책자도 만들어 식당에 배치해 놓았다. 그러자 더 자세히 알고 싶다며 직접 식당에 찾아오는 분도 생기기 시작했다.

어느 날 중년 여성이 찾아왔다. 조만간 호주로 이민을 가는데 고디탕 만드는 법을 알려달라고 했다. 호주에도 다슬기가 있어서 만들어 먹을 수 있기 때문에 홈페이지에 소개된 그대로 만들었는데 그 맛이 안 난다는 것이었다. 나는 주방으로 안내해 많은 시간을 들여 고디탕 만드는 법을 가르쳐 드렸다. 과정을 지켜본 그분이 말했다.

"육수 빼는 걸 보니 비법을 알겠네요. 정성이 비법이네요."

'아, 그렇구나!'

내 자신도 미처 몰랐던 걸 우연히 깨닫게 되었다.

음식은 모든 요소가 다 함께 갖춰져야 제 맛이 난다. 재료도 좋아야 하고 정성도 들어가야 하고 손맛도 중요하고 기후나 날씨, 바람 같은 지리적 여건까지 모든 게 다 영향을 끼친다. 아무리 비법을 공개한다 한들, 그리고 그걸 따라 만든다 한들 그 삼계탕이 금산삼계탕의 주방에서 금산삼계탕 사람들이 만들어 나온 건 아니지 않은가? 그리고 세상의 모든 것들이 그렇듯이 음식 또한 뭐하나 붙들고 계속해서 머물러 있을 수는 없다. 내가 알아낸 것, 내가 참 좋다고 생각하는 것들을 사람들에게 알려 주고 난 더 좋은 걸 만들어 내고, 더 나은 방법을 연구하면 된다.

비법 공개 후 금산삼계탕의 매출은 어떻게 됐을까? 주위 사람들의 우려대로 매출이 떨어졌을까? 아니다. 변함이 없었다. 오히려 많은 손님들이 책을 가져가면서 칭찬해주었다. 덕분에 식당의 이미지가 좋아지는 계기가 되었다. 이번에는 이 책을 보시는 분들을 위해 금산삼계탕의 비법(?)을 공개하고자 한다. 내용은 다음과 같다.

하나,

삼계탕의 맛을 내는 첫 단계는 좋은 닭을 고르는 것이다. 420g~450g의 영계가 최적의 삼계탕용 닭이다. 깨끗하게 씻은 닭에 찹쌀, 인삼, 대추 등 내용물을 채운다.

둘,

다음엔 닭을 숙성해야 한다. 금산에선 냉동고에 닭을 한 줄 깔고 그 위에 얼음 한 줄을 깔고 그 위에 닭을 한 줄 하는 식으로 하루를 숙성시킨다. 얼음을 얹는 것은 닭이 열이 많은 동물이기 때문이다. 얼음 숙성을 거치면 더 육질이 차지고 부드러워진다.

셋,

숙성을 마친 닭을 75°C의 물에 넣고 20~30분 후 물이 끓기 시작하면 불을 약하게 낮춰 다시 30분을 끓인다. 찹쌀이 응고되었다 싶으면 다시 강한 불에서 30분 정도 끓인다.

유행

자고 일어나면 새로운 식당이 생길 만큼 많은 사람들이 식당업에 뛰어든다. 그리고 대개 '지금까지 사람들이 맛보지 못했던 뭐 새롭고 기가 막힌 음식이 없을까?'하고 생각한다. 그것이 경쟁을 최소화하고 보다 쉽게 시장에서 독보적인 영역을 차지할 수 있는 지름길이라고 생각하기 때문이다.

갑자기 등장했다가 어느 틈엔가 소리 소문도 없이 자취를 감춰버리는 정체불명의 음식들은 그런 욕심과 생각에서 비롯된 것들이 많다. 이른바 유행 따라왔다가 유행 따라 사라지는 유행음식이다. 시대의 흐름에 따라, 환경의 변화에 따라 사람들이 즐겨 찾는 음식이 조금씩 달라지는 건 당연한 현상이다. 그리고 늘 새로운 음식, 더 나은 음식의 맛을 발견하고 찾아내는 노력 또한 언제나 게을리 하지 말아야 한다. 특히 식당 하는 사람들에게는 꼭 필요한 덕목이다. 그러나 모든 음식에는 그 내력과 기본적으로 그러한 음식을 있게 만든 핵심적인 요소들이 있다. 새로운 음식도, 변형된 요리도 그 기본의 바탕 위에서 만들어지고 발전해야 한다. 그래야 손님들의 외면을 받지 않는다. 우리가 흔히 말하는 명품이라는 옷이나 패션 용품들도 마찬가지 아닌가? 세월이 흘러도 한눈에 그 브랜드만의 고유한 디자인이나 특징을 알아챌 수 있다. 그 명품들은 자신들의 고유한 특성과 색깔을 유지하면서도 끊임없는 변신을 계속해 나가고 있다.

식당이 쉽게 망하는 데는 무턱대고 새로운 음식, 독특한 맛만 따라가다 정작 그 기본을 놓치는 데서 비롯되는 경우가 허다하다. 음식이라는 것은 하루 이틀 먹어 보고 그만둘 수 있는 것도 아니고 한동안 잊고 지낼 수 있는 물건과도 다르다. 살아 있는 동안은 끊임없이 필요한 것이 음식이다. 그래서 음식은 반짝 상품과는 다르다. 식당을 하려면 길게 봐야 하고 맛의 기본에 충실해야 한다. '과연 어떤 맛일까?' 하고 궁금해지는 '퓨전음식'이라는 것도 마찬가지다.

옛것과 새것, 또는 전혀 다른 영역의 음식이 만나 새로운 뭔가를 이루어 내려면 양쪽 모두에 대해 제대로 알고 시작해야 하고 그 만남이 지속적으로 사람들의 입맛을 사로잡을 수 있도록 해야 한다.

전통이 빠진 단순한 결합이나 변형은 결국 유행음식이 되어 사라지기 쉽다.

확률

길을 가다 보면 한창 장사를 해야 할 시간임에도 셔터가 내려져 있거나 문이 닫힌 가게를 볼 때가 있다. 자세히 안을 들여다보면 어둡고 컴컴해 을씨년스럽기까지 하다. 대개 문에다 '가게 세 놓습니다' 하고 써 붙여져 있는데, 개중엔 식당이 유독 많다.

식당이라는 것이 워낙에 흔하기도 하지만 그만큼 식당으로 성공하기 어렵다는 이야기다. 내 생각으로는 식당이 성공하는 확률은 카지노보다 낮다. 보통 카지노에 열 명이 들어가면 두 명은 따고 두 명은 본전을 하고 나머지는 돈을 잃고 나온다는데 식당은 그보다 못하기 때문이다. 그 이유는 눈앞의 이익에 너무 급급해서다. 쉽지는 않지만 시간을 두고 긴 안목으로 운영한다면 성공할 확률은 높아질 것이다.

식당들 중에는 온 가족이 매달려 꾸려 나가는 경우도 많다. 불 꺼진 식당을 보면 거기에 모든 것을 쏟아 부은 한 가족의 희망마저 꺼져가는 것 같아 마음이 씁쓸해진다. 장사가 잘되어서 확장 이전하는 경우도 있겠지만 그런 경우는 딱 보면 표시가 난다.

안타까운 건 누가 봐도 훌륭한 상권에 내부 인테리어까지 화려하게 해놓고도 오래가지 못하는 식당이다. 그런 경우는 권리금에 인테리어 비용까지 피해가 훨씬 커진다. 게다가 게으름을 피웠다면 망하는 것이 당연지사겠지만 나름으로 열심히 한다고 했는데도 잘 안 되는 경우도 많다. 식당생활을 꽤 오래 해본 나로서는 그럴 때마다 많은 생각을 하게 된다.

인생에서 어차피 보장되는 것은 없다. 사업은 더 그렇다. 하지만 실패할 확률은 낮춰야 하고 성공할 확률은 최대한 노력해서 높여야 한다.

제일 먼저 식당을 망해 먹지 않으려면 시작하기 전에 100%는 아닐지라도 자신이 하려고 하는 음식과 그에 관련된 모든 것의 90% 정도는 파악하고 해야 한다. 남의 집에 가서 배워서라도 그렇게 해야 한다.

식당을 시작하기 전 내 인생에서 4년은 없다고 생각하고 1년은 한식, 또 1년은 중식, 그리고 일식, 양식을 차례로 식당가서 일을 해본 뒤에 식당을 열면 망할 확률은 확 낮아진다. 4년만 그렇게 하면 기술은 물론이고 돈도 벌게 되니 그야말로 꿩 먹고 알 먹고가 되는 것이다. 거기에 남자든 여자든 홀에서 서빙으로 1년을 더 보탠다면 확률상 거의 망할 일이 없다. 그리고 절대적이지는 않지만 흔히 말하는 목, 상권도 어느 정도 고려를 해야 한다. 이왕이면 다홍치마라고 목이 좋으면 그만큼 성공할 확률이 높은 것은 사실이다. 물론 목이 좋을수록 권리금이라는 정체불명의 돈을 지불해야 하는 경우가 생긴다. 다른 나라에서는 눈뜨고 찾아보기 힘든 이 권리금이라는 것이 막 장사를 시작하려는 분들에게는 이만저만한 부담이 아닐 수 없다. 그래도 어쩌겠는가? 그럴수록 발품을 더 파는 수밖에. 반면에 인테리어는 얼마나 고급스럽고 화려한지가 중요하지는 않다고 생각한다. 오히려 자기가 하고자 하는 식당의 성격에 맞을 정도면 된다고 본다. 적어도 시작할 때는 그게 낫다. 내 경험상으로는 인테리어 할 돈으로 광고를 하는 것이 백배 더 효과적이었다.

한 가지 더, 식당 하는 사람들은 대부분이 세입자다.

죽자고 고생해서 자리를 잡고 이제 좀 잘되나 싶으면 집주인이 장사가 잘되니 세를 올려 달라고 요구한다. 그러면 장사가 안 되면 세를 낮춰주는 것도 아니지 않은가. 심지어 정말 몇몇 악질 건물주들은 세입자를 내쫓고 그 자리에 자기가 식당을 여는 경우도 있다. 온갖 거짓말을 다 한다. 사촌이 들어오기로 했다는 둥 아니면 자기가 정말 거절할 수 없는 사람이 부탁해서 들어줘야 한다는 둥… 난 정말 그런 경우치고 잘되는 꼴을 못 봤다. 만약 그런 주인을 만났다면 달러 빚을 내서라도 바로 옆에 식당을 차려야 한다.

식당 하는 사람은 아예 시작할 때 5년 안에 그 가게를 사버리겠다는 목표를 가져야 한다. 그렇게 해서 5년만 버티면 답은 나온다.

해바라기

해바라기는 오로지 해만 바라보며 돌다가 씨가 나고 나면 곧장 그 해를 외면한다. 볼일 보러 들어갈 때 다르고 나올 때 다르다고, 식당 주인은 그런 식으로 해바라기가 되면 안 된다.

애꿎은 해바라기를 탓하는 것이 아니라 흔히 하는 말로 개구리 올챙이 적 생각을 잊지 말자는 이야기다. 누구에게나 해당되는 말이지만 특히나 식당은 한 번의 해바라기 짓으로 망하는 수가 생길지도 모른다. 지금 생각해도 아찔한 닭갈비 사건!

새로 지은 건물에 그을음 생기는 게 싫어서, 그리고 인건비 들어가는 거 좀 아껴 보겠다는 고작 그런 이유로 닭갈비 서비스를 중단했으니 그런 해바라기 짓을 해놓고도 망하지 않은 게 천만다행이고 그저 죄송하고 또 감사할 따름이다. 그건 고객에 대한 배신이었고 나를 살려준 닭갈비에 대한 배신이었다. 장사 좀 잘된다고, 돈 좀 벌었다고 손님에게 한 약속, 자기 자신에게 한 약속을 잊으면 식당은 그 길로 망한다. 식당은 손님을 위한 공간이지 주인을 위한 공간이 아니라는 것을 잊어버려도 망한다.

좀 다른 이야기이긴 하지만 난 졸부를 함부로 욕하지 않는다. '누구누구는 갑자기 땅값이 올라 농사짓던 사람이 벼락부자가 되었더라.'며 수군거릴 때면 뭔지 모를 심술이 섞여 있는 것을 보게 된다.

내가 알기로 갑자기 땅값이 오르는 일은 있어도 갑자기 거기에서 농사짓고 있었던 사람은 잘 없다. 그들은 잘 나고 똑똑한 사람들이 고향을 떠날 때 묵묵히 자기 터전을 지켜 온 사람들이 대부분이다. 그 오랜 세월을 타지에 나가 출세한 사람들이 오면 반겨 주고 다시 떠나가는 모습을 뒤로 한 채 땅을 파며 살아온 사람들이다.

뭐 그렇게 시기나 질시를 받아야 할 사람들은 아니라는 생각이 든다.

몇 가지 의문

팔이 안으로 굽는다고, 비슷한 업에 종사하는 사람으로서 편을 들어 주고 싶어도 내 기준으로는 도저히 이해가 되지 않는 몇 가지를 적어 본다.

하나.

가끔 장마가 길어지면 배추 가격이 올라가 흔히 하는 말로 김치가 아니라 금치가 된다. 그럴 때면 식당에서 반찬으로 내놓는 김치의 양이 확 줄어들거나 아예 사라져 버리는 경우도 있다.

그럼 배춧값이 내려갈 때는 손님들에게 들고 가시라며 김치를 싸주나? 오히려 김치가 금치가 될 때 식당에서 마음껏 먹을 수 있도록 더 넉넉히 내드려야 할 일이다.

둘.

어느 시골이나 어느 정도 세월의 이력이 붙은 식당이 있고 그런 곳엔 종종 욕쟁이 할머니가 계신다. 속칭 '욕쟁이 할매집'이라는 곳이다. 메뉴나 맛은 다 각양각색이지만 음식을 내놓고 손님들에게 내지르는 욕 하나는 거의 차이가 없다.

다 안 먹고 남긴다고 욕하고, 먹는 본새가 마음에 안 든다고 욕하고, 빨리 안 먹어도, 심지어 음식을 주문하면 귀찮게 한다고 화를 낸다. 뭐 그럴 수 있다. 하지만 그런 욕을 얻어먹으면서까지 먹어 본 음식은 대체로 욕먹은 만큼 맛이 없었다. 어떤 사람들은 그 할매집 음식 맛이 최고라고 여길지 몰라도 맛이라는 건 독특함 이전에 기본적으로 보편타당하게 통하는 기준이라는 것이 있다. 좋은 노래는 국경을 초월해 사랑을 받듯이 음식도 맛있는 건 나라나 사람을 가리지 않는다.

욕 잘하시는 그 할매님들!

욕하시는 건 좋은데 그 전에 음식부터 맛있게 만들어 놓고 하시기를.

셋.

어머니와 30여 년 다닌 재래시장에 장을 보러 갔다. 장보기를 마치고 공용주차장에서 주차비를 계산하고 차를 몰고 나오는데 이제 구순을 바라보는 어머니가 멋지게 한 말씀 날리신다.

'이라머 안되는 기라. 바로 앞에는 전부 자기들 차 주차해놓고 손님은 물건 들고 주차장까지 걸어오게 하면서 주차비까지 내게 하니까 사람들이 백화점을 더 가는 거 아이가?'

가끔 식당 앞 제일 좋은 자리에 고급 승용차가 떡하니 세워져 있는데 한눈에 봐도 그 식당 주인의 차임을 알 수 있다.

윗사람은 아랫목에 아랫사람은 윗목에, 그게 우리나라 예법이다. 여긴 내 땅이니 찾아온 손님 니들은 눈치 봐가며 멀찌감치 주차하고 들어오라는 말밖에 더 되는가?

넷.

간혹 식당 자판기나 화장실 문 앞에 '고장'하고 써 붙여놓은 것을 볼 때가 있다. 손님을 위해 설치된 커피 자판기도 마찬가지다. 동전 투입구에 종이로 '고장'이라고 딱 붙여져 있다. 그런 광경을 보면 묻고 싶은 게 있다.

'그래서 뭐 어떻게 하라는 겁니까?'

'불편을 끼쳐 죄송합니다. 언제까지 고치겠습니다.'라고 하는 것이 더 옳다고 생각한다. 왜냐하면, 식당의 모든 시설은 손님을 위한 것이니까.

다섯.

음식을 '특'과 '보통'으로 구분해 놓은 메뉴판을 보면 참 이상하다는 생각이 든다.

호텔의 특실 같은 것? 그래서 같은 메뉴일지라도 돈에 따라 질이 더 좋아질 수도 그렇지 않을 수도 있다? 양에 따라 대 · 중 · 소로 나누는 건 얼마든지 이해되지만 특과 보통은 마치 돈이 사람과 음식 위에 있는 것 같다.

정히 구분이 필요하다면 그냥 취향에 따라 어떤 재료나 양념이 더 많이 들어가거나 적게 들어간 것으로 나눠도 되지 않을까?

여섯.

장사 좀 잘되면 체인점 낸다고 난리를 치는 경우를 더러 본다. 그런데 장사가 잘되고 그러면 그나마 괜찮다. 하지만 자기 식당 내자마자 체인점부터 모집해서 돈 벌려는 행태를 보면 화가 난다. 대개 자기가 망하는 것은 둘째 치고 가맹점들이 억울하게 피해를 입기

일쑤다.

음식의 산업화도 좋고 돈 버는 것도 좋다. 하지만 체인점을 내려면 자기 것부터 잘하고 지점을 모집해야 한다. 즉 체인화가 먼저가 아니라 음식이 먼저다. 자기 것부터 잘해야 한다.

일곱.

단골식당, 참 좋은 곳이다. 그런데 가끔 김치나 다른 반찬을 가져와 팔려고 만든 게 아니라 평소 자기들이 먹으려 만든 특별한 것이라며 내놓을 때가 있다.

정말 납득도 안 되고 납득하고 싶지도 않다. 그건 지금까지 손님들은 자기들이 먹는 음식보다 못한 걸 먹었다는 이야기다. 식당 주인은 자기가 먹는 것보다 더 좋은 걸 손님에게 드려야 한다. 이렇게 해야 한다.

"손님, 우리가 먹는 반찬인데 손님상에 올려 드려도 될는지요?"

여덟.

맛과 건강을 다 잡아야 산다. 보통 음식을 먹을 때는 두 가지로 나뉜다. 흔히 젊은 사람들은 "이 음식 정말 맛있다!"이고, 나이가 좀 들면 "이게 몸 어디에 좋은 음식이야!"다. 이렇게 음식은 맛과 건강으로 나뉜다. 지금은 이 두 가지를 모두 잡아야 산다. 앞으로는 건강에도 좋고 맛도 좋은 음식점이야 말로 오래 사랑받는 식당으로 남을 수 있다.

　아홉.

　수저 받침대는 필요하다. 테이블을 아무리 잘 닦아도 위생적으로 완벽할 수는 없다. 특히 스스로 고급식당이라고 자처한다면 반드시 갖춰야 할 일이다. 그리고 요즘도 가끔 식당 테이블 위에 두루마리 화장지가 있다. 그건 화장실에 있어야 한다.

　열.

　손님이 오기 전, 식당의 아침은 하루 중 제일 바쁜 때다. 특히 여름철이면 직원들은 손님들이 오시기 전에 땀을 뻘뻘 흘려가며 식당 구석구석 청소를 한다. 그리고 오전 10시가 넘으면 보통 첫 손님이 들어온다. 그런데 몇몇 식당에서는 전기료 아낀다고 아침 일찍부터 에어컨을 켜지 않는 경우가 있다. 이해는 가지만 찾아 들어간 식당의 직원이 지친 모습으로 맞으면 손님도 힘들다.

　상쾌한 모습으로 첫 손님을 맞으려면 가장 먼저 출근한 사람이 미리 에어컨을 켜 놓거나, 일하는 아주머니가 청소할 때 꼭 에어컨을 틀수 있게끔 해야 한다. 그렇게 시원한 상태에서 청소하고 쾌적하게 손님을 맞이해야 하는 것이다.

　열 하나.

새로운 메뉴를 개발했을 경우에는 손님상에 정식으로 내놓기 최소 6개월 전부터 미리 홍보를 해야 한다. 식당은 나름의 책임감을 갖게 되고 손님들의 기대감도 높일 수 있기 때문이다.

인술(仁術)

어찌어찌 살다 보니 강연 요청을 받을 때가 자주 있다. 언젠가 강단에 서서 선진국에서 최고의 요리사는 우리가 상상하는 이상의 존경을 받고 있다는 이야기를 한 적이 있다. 그들은 음식의 빛깔과 모양을 화가의 그림과 그 음식을 먹는 즐거움을 오케스트라의 연주를 들을 때와 그리고 그 음식이 주는 건강한 에너지를 최고의 의료서비스를 받는 것과 같은 선에 놓고 본다. 그러니 그 모든 걸 한꺼번에 갖춘 요리사는 얼마나 사회적으로 존경을 받겠는가?

우리나라에도 옛날부터 밥이 보약이라 했고 약식동원이라 해서 음식은 병을 다스리는 약과 그 근본이 같다고 했다.

의술을 인술(仁術)이라고 한다. 사람의 건강을 지켜주는 음식을 만드는 일 또한 인술의 하나라고 생각한다. 물건은 손님이 사용해 보고 불량품일 경우 바꿔 드릴 수 있지만, 음식은 그렇지 않다. 한 번 먹으면 다시 돌이킬 수 없다. 그래서 음식은 물건을 만드는 기술이 아니라 사람의 건강을 돌보는 인술로 만들어야 한다. 그래야 식당을 찾아오신 분들께 맛과 즐거움, 그리고 건강까지 다 챙겨드릴 수 있다.

이젠 우리도 주방, 식당, 요리사에 대한 인식이 많이 바뀌고 있다. 게다가 우리 선조들이 물려준 전통음식은 세계 어디에 내놓아도 빠지는 게 없다. 그 모양과 빛깔, 그리고 맛 모든 면에서 기가 막힌 음식들이 많다. 우리나라에서도 인술로 음식을 만드는 존경받는 주방장, 요리사들이 많이 나왔으면 좋겠다.

옛길 식당

독일 프랑크푸르트에 사는 교민 한 분이 현지에서 삼계탕집을 열고 싶다고 내게 전화로 물어온 적이 있다. 그때 이것저것 이야기를 해드리면서 한 가지 덧붙인 말이 기억난다.

"맛있는 삼계탕집은 저희 금산 말고도 많이 있습니다. 제가 얼마든지 알려드릴 테니 그런 곳에도 자문을 구해서 가게를 여시는 게 좋을 겁니다."

정말이다. TV에 소개된 적이 없어도, 인터넷 카페나 블로그에 맛집으로 올라와 있지 않아도 우리나라 곳곳에 숨어있는 맛있는 집이 많다. 특히 시골은 더 그렇다. 가게가 비좁고 또 사장님(대부분 그 지역에서 오래 사신 어르신)이 특별히 마케팅을 하지 않지만, 맛 하나만큼은 손색이 없는 식당들이 그 동네의 오래된 옛길 곳곳에 자리하고 있다. 하지만 대부분의 사람들은 언제부턴가 생겨난 새로운 자동찻길, 시원하게 뚫린 우회도로만 찾아 달리다 보니 한 마을의 숨은 맛을 즐길 기회가 좀처럼 생기지 않는다. 사실 그리 많이 멀지도, 많은 시간이 걸리지도 않는데 말이다. 어떤 곳은 고속도로 톨게이트를 빠져나와 10분만 차로 달려도 도착할 수 있는 경우도 많다. 업무상 일이 있어 급히 서둘러야 할 상황이면 모를까 그냥 나들이를 나온 경우라면 충분히 찾아가 색다른 맛을 즐겨봄 직하다. 그런 식당에서 내놓는 음식에는 그 지역의 풍광과 삶의 내력, 그리고 그 마을 사람들만의 고유한 손맛이 담겨있다.

　의성 도리원의 마늘소가 그렇고, 예천의 돼지국밥과 순대, 그리고 안동에도 10개 이상의 옛길과 그곳에 자리한 향토음식 식당이 있다. 대개 1킬로미터가 넘고 전국적으로 그 숫자만 어림잡아도 천 개가 넘는다.

　만약 이런 옛길들을 향토음식 특화거리로 만들고 체계적으로 홍보와 마케팅을 해나간다면 농촌경제를 활성화 시키는데 이만한 방법도 없을 거라는 생각이 든다. 그리고 이러한 옛길의 부활은 도시의 수많은 자영업자들에게도 새로운 기회의 장을 열어 줄 수 있다. 이미 대도시에는 자영업자들이 차고 넘친다. 특히 식당업의 경우에는 최저 생계비에도 못 미치는 수익을 내는 영세한 곳도 많을 뿐더러 그나마도 버티지 못하고 가게 문을 닫는 곳도 많다. 농촌의 정취와 맛을 즐길 수 있는 옛길은 식당을 하려는 사람들에게는 도시에 비해 주차문제와 가게 임대료 등에서 많은 이점을 줄 수 있다. 즉 귀농프로젝트뿐만 아니라 귀영(귀 자영업)프로젝트도 가능하다.

농촌의 옛길은 어떻게 하느냐에 따라 농촌주민과 대도시 자영업자들에게는 새로운 희망과 기회의 길, 화려한 관광지의 비싼 음식 가격에 지친 나들이객들에게는 발길을 잡아끄는 매력적인 길이 될 수 있다.

식당 아이디어

당장 내가 할 수는 없지만 그래도 '이런 식당'을 한다면 괜찮지 않을까 하고 생각하는게 몇 가지가 있다.

하나,
봄에는 도다리를 팔고, 여름엔 냉면이나 삼계탕, 가을엔 굽는 냄새에 집 나간 며느리 돌아온다는 전어, 겨울엔 과메기나 홍어 같이 제철음식을 계절 따라 내놓는 '사계절 식당'이다. 이렇게 차별화된 메뉴로 구성하면 손님들도 즐거워하고 계절에 따른 불황도 이겨낼 수 있지 않을까?

그리고 주인이 어느 정도 요리에 일가견이 있다면 계절별로 두 가지 정도로 메뉴를 특화해서 운영한다면 더 좋을 것 같다.

둘,

경치가 좋은 도심 외곽의 식당은 주말에는 붐비지만, 평일은 한산한 경우가 대부분이다. 게다가 거리가 멀어 일할 사람을 구하기도 매우 어렵다. 만약 음식은 주방에서 100%로 만들어서 입구에 놔두고 손님들이 직접 가져가 먹은 후 그릇도 씻고 가는 시스템을 갖춘 이른바 셀프식당을 만들면 어떨까?

물론 손님들이 다시 찾을 만큼 음식이 맛있어야 한다. 그리고 셀프서빙에 대한 보답으로 음식의 가격이 가령 1만 원이라면 8천 원에 드리는 식의 가격적 혜택이 있어야 한다. 그리고 손님들이 오히려 약간은 재미있어할 만큼 최신식 식기세척기 등의 각종 편의시설을 동선에 맞춰 잘 준비해 놓아야 한다.

셋,

사실 이건 내가 아는 한의사의 아이디어인데, 핵가족화된 우리 사회에서 꼭 생기면 좋을 것 같은 식당이다. 바로 '365일 생일식당'이다. 요즘 핵가족화로 생일상 차려 먹기가 힘들다. 부모는 일하고, 아이는 학교 다녀오면 생일상은커녕 같이 둘러앉아 저녁 먹을 시간도 맞추기 힘들다. 거기다 생일상까지 차리려면 더욱 불가능하다.

그 때 꼭 필요한 '365일 생일식당!'

아빠상 10,000원/ 엄마상 12,000원/ 아이상 15,000원/ 할머니 할아버지상 20,000원 이렇게 하는 것이다. 기본적으로 미역국과 소고기국, 몇 가지 전은 필수! 조금 더 나아가서 생일상을 차려놓고 먹었다는 인증사진을 찍을 수 있는 셀카 존까지 활성화 시켜 놓는다면, 블로그나 카페 등에 자연스럽게 홍보도 될 수 있을 것이다.

누구나 365일 중 하루는 생일을 맞이한다. 지나치다가 보고나면 나중에라도 기억이 나서 꼭 한번은 찾아오지 않을까 생각한다.

넷,

나는 스킨스쿠버를 즐기기 위해 울릉도에 자주 간다. 울릉도 하면 대표적인 것이 바로 오징어다. 직접 가보면 정말 오징어밖에 먹을 것이 없다. 울릉도 관광객이 한 해 평균 40만 명 정도가 되는데, 울릉도를 찾은 관광객들은 마땅히 먹을 것이 없다고 말한다. 홍합밥이 조금 유명하기는 하지만 생각보다 맛이 없다. 그래서 만약에 오징어 먹물 짜장면 식당을 울릉도에 차린다면 대박이 날 것 같다. 오징어 먹물이 몸에 좋다는 것은 보편화 되어 있다. 오징어 먹물에는 뮤코다당류, 타우린, 핵산 성분 등이 풍부하여 항암효과, 노화방지 등에 탁월한 효과가 있기 때문이다.

면에 오징어 먹물을 넣어 면도 까맣고 짜장도 까맣고 올 블랙 짜장면을 만들어 팔면, 울릉도 오징어가 워낙 유명하니 오징어 먹물 짜장면은 별도의 홍보 없이도 저절로 유명해 질 것이다.

다섯,

몇 년 전 중국에 갔을 때 평소에 존경하는 한 지인으로부터 국수 체인점 사업으로 성공한 어느 중국인 기업가 이야기를 들은 적이 있다. 그 중국인의 경영방식 중에 내 귀에 쏙 들어온 것이 직원에게 주는 월급 외에 따로 고향에 있는 직원 부모에게 매달 용돈을 보내 드리는 제도였다. 이와 비슷한 방식으로 매출에 따라 일정 비율로 직원의 가족이나 부모에게 인센티브를 주는 식당도 괜찮지 않을까?

여섯,

식당을 할 예비 사장님에게 꼭 당부하고 싶은 말이 있다.

식당을 차리기만 하면 손해는 안 본다는 안이한 생각으로 음식점을 차리면 절대 안 된다. 먹거리가 부족했던 옛날에 비해 현재는 다양한 먹거리가 넘쳐난다. 꼭 음식점이 아니더라도 대형 마트나 편의점에 가면, 즉석 식품으로 만들 수 있는 것이 식당에서 하는 음식보다 더 다양하게 있다. 웬만한 음식 갖고는 식당을 찾을만한 이유를 못 느낄 정도다. 때문에 이제는 만만히 생각하고 음식점을 내서는 절대 안 된다.

이런 때에 살아남기 위한 방법은 이것밖에 없다. 바로 '맛. 맛. 맛. 서비스!!'다. 이 방법 없이는 식당하면 망한다는 생각으로 맛과 서비스에 집중해야 한다.

또한, 명퇴하였거나 명퇴를 앞두고 식당 창업을 준비하시는 분들도 마찬가지다. 이런 분 중에 '할 일이 없으면 식당이나 하지'라고 생각하시는 분들, 꼭 계시다. 그런 분들을 보면 정말 도시락 싸들고 다니면서 말리고 싶은 심정이다. 그리고 아예 식당 근처로는 고개도 돌리지 말라고 말씀드리고 싶다.

평생 모아놓은 돈을 한순간에 날려버리느니 차라리 욕심부리지 말고 쏨쏨이 아껴가며 맘 편히 하루를 사는 것이 백번 낫다.

사람은 먹어야 산다고 식당을 열기만 하면 손님이 들 것이라는 생각은, 세상에 식당은 나 혼자 한다고 생각하는 것처럼 허무맹랑한 것이다.

그렇다고 꼭 불가능한 것만은 아니다. 사람이 하는 일이고, 남들도 하는데 왜 나라고 못하겠는가. 여러분이 신입사원으로 회사에 입사할 때의 마음가짐과 퇴직 시까지의 수많은 어려움을 극복하며 다져진 노하우 등을 발판으로 초지일관의 마인드와 끈기를 가지고 식당을 운영한다면 망하는 일은 그만큼 줄어들 것이라고 확신한다.

Chapter 02

해외로, 해외로

미국

해외투자! 정말로 제대로 알고 해야 한다. 해외투자를 하려면 그곳의 상황을 제대로 알고 시작해야 한다. 그리고 지식도 있어야 한다. 내 자신이 뼈저리게 경험하지 않았던가.

미국에 체인점을 내기 위해 뉴저지 부부에게 보낸 돈이 해외투자에 관한 관련 법률상으로 불법적 행위에 해당된다는 것을 나중에 알았다. 난 그만큼 무지했다. 몰라서 그랬더라도 내가 한 행위에 대해 당연히 그에 상응하는 처벌을 받을 것이다.

외국에 나가면 그 나라 사람보다 그곳에서 만나는 한국 사람을 조심하라는 씁쓸한 이야기가 있다. 그 말이 내게 해당될 줄은 몰랐다. 하지만 난 그 말을 곧이곧대로 받아들이기 싫고 또 인정하지도 않는다. 그리고 그 일 때문에 사람에 대한 내 믿음 또한 흔들리고 싶지 않다. 내 마음속을 인간에 대한 의심으로 채운다면 나를 속인 그들에게 진짜로 지는 것이 되기 때문이다.

미국은 정확한 곳이다. 내 경험상 적어도 사업적으로는 그렇다. 그들의 규정을 정확하게 지키면 그만큼 보호도 확실하게 받는다. 요청이 있을 때마다 다양한 곳에서 강연한다. 필요한 곳이 있다면, 기회가 주어진다면, 식당사업으로 미국에 진출하려면 어떤 과정을 거치고 무엇이 필요한지에 대해 내가 겪고 당한 그대로 자세히 전하려 한다.

중국

중국을 왔다 갔다 하면서 가끔 중국이란 나라가 참 무서운 나라라는 생각이 들 때가 있다.

모조품이나 만드는 나라 정도로 만만하게 볼일이 아니다. 내가 느낀 바로는 아마도 그들이 우리를 만만하게 보고 있을지도 모르겠다. 잘 베끼면 그다음에는 자기 물건을 만든다. 그게 시작이고 일단 자기네들 물건을 만들면 그 파급력은 엄청나다. 기본적으로 넓은 땅과 많은 인구를 깔고 가니 절대적으로 우리보다 유리하다. 게다가 내가 가본 중국의 도시란 도시는 이미 죄다 공업도시가 되어있었다. 게다가 그들은 잘 뭉친다. 미국에 가면 우리나라 사람들이 하나의 교회에서 시작해 시간이 가면 다섯 개, 여섯 개의 교회로 분파가 나누어질 때 그들은 오로지 한 교회 중심으로 뭉쳐서 그들의 힘을 하나로 모은다.

심지어 '동업은 피하라'는 말이 격언처럼 여겨지는 우리와는 달리 그들은 건물을 살 때도 무려 수십 명이 힘을 합쳐서 사는 경우가 허다하다. 그리고 그로 인한 시너지 효과와 이익을 골고루 나누어 가진다. 이러한 말은 거꾸로 봤을 때 외국인이 중국인의 사회 속으로 들어가 사업을 펼치는 일이 그만큼 힘들다는 뜻이기도 하다.

특히, 음식에 관한 중국인들의 자부심은 대단하다. 서양 사람들이 즐겨 먹는 파스타도 그 뿌리는 중국에 있다고 하고, 그 외에도 세상의 모든 음식의 시조이자 원조가 자기네들이라고 주장한다. 이상하게도 그런 말을 들을수록 중국에 가서 식당을 하고 싶은 마음이 스멀스멀 올라왔다. 누가 중국 사람들은 하늘을 나는 건 비행기, 땅에서는 네발 달린 의자 빼고는 다 먹는다고 하지만 중국 사람들은 우리나라 사람들이 흔히 먹는 깻잎은 냄새도 못 맡는다. 우리나라 사람들이 중국의 샹차이를 싫어하는 것과 비슷하다.

'그래, 중국이라고 해서 음식이 우리보다 무조건 더 낫다는 게 어딨노? 그 사람들이 먹어서 정말 맛있다고 생각되는 우리 음식을

팔면 되지. 우리 음식이 최고다!'

평소 자주 드나들던 칭다오靑島로 날아가 큰길에서 골목까지 누비고 다니며 식당 할 자리를 찾아다녔다. 그러다 도심에서 조금 벗어나 새로 조성되고 있는 공단지역에 적당한 크기의 가게 하나를 얻었다.

식당은 위치도 중요하지만 맛과 정성, 그리고 서비스가 우선이다. 난 성공할 자신이 있었다.

의욕에 넘쳐 식당 내부 공사에 돌입했다. 설계는 한국에서 만들어 가져갔다. 그런데 공사를 시작하고 얼마 뒤 그만 지붕이 무너져 내리고 말았다. 공사를 맡은 중국 사람들이 설계도에도 없는 지붕 공사를 마음대로 하다가 사고가 난 것이었다. 화가 난 나는 그들에게 따져 물었지만, 눈도 깜짝하지 않고 자기들은 잘못한 게 없다고 했다. 도저히 안 되겠다 싶어서 법적인 조치를 취하려고 변호사를 찾아가 상담을 했더니 세상에, 그 변호사가 되레 내게 물었다. 설계대로 하든 말든 왜 감리를 안 했느냐고. 한국은 어떤가? 해외투자를 하려면 그 나라 법도 알아야 한다. 그리고 어떨 땐 식당과 음식에 관련된 법뿐만 아니라 건축에 관한 법까지도.

일본

류재순 선생은 『일본은 있다』라는 책을 쓴 저자다.

지인의 소개로 만난 그분은 적어도 내가 겪은 바로는 탁월한 식견과 혜안을 지닌 분이다. 금산삼계탕을 일본에 진출시키고 싶은 욕망으로 가득했던 나에게 그분은 기꺼이 일본이라는 나라에 대한 안내자 역할을 해 주셨다. 지금은 이웃집 드나들듯 일본을 자주 가지만 처음 그들과 마주쳤을 때, 특히 식당에서 접한 그들의 태도는 나를 무척 민망스럽게 했다.

익숙하지 않은 그들의 친절이 내 눈에는 지나치게 보였고 그 말투도 어찌나 싹싹하던지 내가 감당(?)하기 힘들 정도였다. 헌데 그게 묘하게도 나중에는 슬슬 '이거 참 괜찮네.'라는 생각이 들었다. 정말 그들은 무한친절이라는 말 외에는 달리 표현할 길이 없을 정도로 처음부터 끝까지 친절하고 또 친절했다.

그건 일종의 무기였다. 맛과 정성, 서비스 이외에 식당을 유지 발전시키는 또 하나의 무기! 그걸 깨닫는 순간부터 그들의 식당에 관한 모든 것이 알고 싶어졌다. 그리고 하나씩 탐사에 들어갔다. 제일 먼저 그들의 주방을 보고 정말 놀라 자빠지는 줄 알았다. 우리가 아는 상식으로는 도저히 식당을 운영할 수 없을 정도로 좁아터진 곳임에도 오밀조밀하게 완벽한 구조를 갖추고 있었다.

정말 눈물 날 정도로 공간 활용을 하고 있었다. 아닌 게 아니라 우리는 주방을 식당 크기에 비해 너무 넓게 쓰고 있다. 가령 싱크대가 식당이나 주방의 크기와 관계없이 규격화되어 있다든지 선반도 이미 정해진 크기의 기성품을 그냥 갖다 붙인다. 그리고 그 선반은 거의 아무 쓸모가 없다. 하지만 그들은 공간의 크기와 구조, 그리고 일하는 사람의 형편에 맞게 정확하게 사이즈를 맞추고 가장 편리한 구조로 설비를 해놓고 있었다. 위생적인 부분은 말할 것도 없이 너무나 완벽하게 잘 되어있었다.

흔히들 일본사람들이 종종걸음을 걷는다고 한다. 그곳에서 나는 왜 그들이 종종걸음을 걸을 수밖에 없는지 이해가 됐다. 몸에 밴 습관대로 걸음을 걷다가 여러 번 곳곳에서 정강이를 부딪치고 말았다.

그 외에도 대를 이어가며 전통을 지키고 있는 일본 식당들, 그들의 식당 운영 시스템, 전통음식을 활용한 메뉴 개발 등등 내겐 공부가 되는 것들이 넘쳐났다.

나라를 알리는데 그 나라 음식만 한 게 없다고 한다. 일본의 스시는 이미 어디에서나 통하는 세계적인 음식이 되었다. 배울 건 배우고 그래서 더 낫게 만들고 더 잘해서 그들을 이겨내야 한다. 적어도 조상들로부터 물려받은 음식에 관한 기본 자산은 우리가 일본보다 못할 것이 전혀 없다. 난 삼계탕으로 그들을 한번 이겨보고 싶다. 그래서 지금도 차근차근 준비를 하고 있다.

나는 류재순 선생에게 갈 때마다 전복 삼계탕이며 송이 삼계탕을

가져다 드렸는데, 류재순 선생은 내가 준 삼계탕을 가끔 주일 대사
관 대사님과 같이 먹은 적이 있었다고 한다. 그러던 어느 날 류재
순 선생과 대사님이 관계자들과 같이 술자리를 한 적이 있었는데,
그 자리에서 대사님이 이렇게 말씀하셨다고 한다.

"이런 삼계탕을 일본 사람들한테 내놔야 하는데… 아주 좋다!"

인도

몇 년 전 인도 여행에서 놀라운 사실을 알게 되었다. 인도에서도
소고기를 먹는다는 것이었다. 보통 인도에서는 소고기를 먹지 않
는다고 알고 있고, 그렇게 들어왔다. 인도사람들의 80% 이상이 힌
두교를 믿어서 소를 신성시하기 때문에 소고기를 먹지 않는 것이
상식처럼 통용되어 왔기 때문이다. 그래서 거리 곳곳에는 소가 사
람처럼 돌아다니고 있고, 규제하거나 하는 사람이 없다. 나도 인도
에 가기 전에 가자마자 소똥을 밟는 것이 첫 인사치레라고 익히 들
어왔다. 사실 나도 가자마자 모르고 소똥을 밟았다. 정말 소가 많
은 것은 확실하다. 그런데 식당에 들어가서 메뉴판을 보고 깜짝 놀
랐다. 생각보다 소고기 요리가 무척 다양하게 있었기 때문이다. 나
중에 설명을 들으니 인도사람 전체가 소를 안 먹는 것이 아니라,
힌두교를 믿는 80.5%만 소고기를 먹지 않는다는 것이었다.

인도의 전체 인구는 약 12억이 넘는다. 그 중 13.4%를 차지하는 무슬림들은 돼지고기를 먹지 않는 대신 소고기를 먹는다고 한다. 따지고 보면 소고기를 먹는 우리나라 전체 인구보다 인도에서 소고기를 먹는 인구가 훨씬 더 많은 것이다. 인도 인구 약 12억 중 13%만 해도 1억 5천만 명으로 우리나라의 3배가 넘는 숫자다.

'이참에 인도에 가서 숯불갈비집이나 하나 차릴까?'

우스갯소리로 해본 생각이지만, 사실 인도에는 우리나라 식당이 너무 없었다. 물론 지금은 그때보다 어떻게 변했을지는 모르겠다. 하지만 사회적 통념에 갇혀 생각의 확장을 방해받을 필요는 없는 것 같다. 일단 알아보고 경험하면 어떻게 행동으로 옮길지에 대한 답안이 떠오른다. 올바른 해답을 위해서는 오로지 겪는 방법밖에는 없다.

해외 투자

해외에서 식당을 할 때는 한국 사람을 대상으로 하는 경우 70~80%가 망한다. 그 나라에 살고 있는 교포라면 몰라도 한국에서 직접 진출한다면 분명히 식당장소만 외국이 아니라 고객도 외국인이라는 생각을 가지고 시작해야 한다.

중국에서 장사하려면 중국 사람을 상대로 해야 하고, 미국에서 장사를 하는 경우에도 마찬가지다. 100퍼센트는 아니더라도 적어도 70퍼센트는 그 나라 사람에게 음식을 판다는 자세로 해야 망하지 않는다.

몇 년 전 세계적 금융위기 상황이 닥쳤을 때 중국에 진출한 수많은 식당들이 정말 비참할 정도로 망하고 말았다. 하지만 그때도 처음부터 중국인을 목표로 한 식당들은 살아남았을 뿐 아니라 오히려 체인점 증설 등, 더 규모도 커지고 보란 듯기 성공 가도를 달리고 있다.

해외진출을 할 때는 최소한 그 나라에 대해 먼저 알고 그 나라 사람을 고객으로 마음에 담고 그 나라 법과 문화를 알고 시작해야 한다.

PART 05 정말 하고 싶은 이야기

Chapter 01

언론이 사람 잡네

조류독감

조류독감! 이름만 들어도 소름부터 끼친다. 정확하게 조류독감 그 자체가 아니라 그로 인해 난리를 친 그 짓거리들이 다시 생각해도 머리카락이 하늘로 치솟는다.

조류독감은 처음 홍콩에서 발견되었다. 심각한 유행병도 아니었고 사람에게 전염된 사례도 없었다. 조류 인플루엔자 바이러스는 75℃ 이상에서 5분 정도 가열하면 살균되기 때문에 닭이든 오리든 충분히 익혀 먹으면 감염의 위험은 전혀 없다.

실제로도 조류독감의 인체 감염사례는 없다. 당연히 죽은 사람도 없다. 이건 명백한 진실이다. 그럼에도 불구하고 2003년, 언론들은 조류독감을 마치 무시무시한 재앙이 닥친 것처럼 보도했다. 그 결과 실제로 닭을 비롯해 조류와 관련된 대한민국의 모든 사업자들에게만 재앙이 되었다. 하루아침에 손님의 발길이 뚝 끊어졌고 금산삼계탕도 하루 종일 손님 구경하기가 힘들었다.

당시 원주에서 치킨집을 하시던 분이 목숨을 잃었다. 조류 독감에 걸려 그렇게 된 것이 아니라 가게운영이 불가능할 정도로 생계에 타격을 입고 막막함에 어쩔 줄 몰라 하다 스스로 목숨을 끊은 것이었다. 가슴 아픈 사연은 연달아 일어났다. 전라북도 남원에서 닭집을 운영하시던 분도 같은 이유로 세상을 등지고 말았다.

식당일을 제쳐두고 남원으로 달려가 문상을 했다. 고인의 영정을 보니 가슴이 미어졌다. 상주의 말씀이 고인은 직장생활을 하다 퇴직을 한 후 가진 재산을 모두 투자해 가게를 열었다고 한다. 평소에도 가게 운영이 힘들었는데 엎친 데 덮친 격으로 조류독감 파동이 남아 있던 한 가닥 희망마저 앗아갔다고 했다.

조류독감이 사람의 생명을 앗아 갈 수 있다는 말은 말 그대로 유언비어 이거나 괴담일 뿐이다. 엉터리 정보가 유포되고 그로 인해 어떤 사람에게는 전부인 삶의 터전과 희망이 짓밟힌 것이다.

조류독감 파동 당시, 우리 막내딸이 감기에 걸린 적이 있다. 아이를 데리고 집에서 10킬로미터 이상 떨어진 병원에 가서 일부러 의료보험 혜택도 받지 않고 처방약을 받았다. 우리 가족 중 한 사람이 감기에 걸렸다고 하면 사람들이 조류독감 때문이라 여길 것이고, 그렇게 되면 또 하나의 유언비어가 만들어질 것 같았기 때문이었다.

당시 국민들이 느끼는 공포의 수준으로 봐서 그러고도 남을 것 같았다. 대구에서 가장 손님이 많다는 금산삼계탕조차 나중엔 직원 월급 줄 걱정을 해야 했으니 수없이 많은 식당들이 얼마나 고통스러운 날들을 보냈을지 짐작이 가고도 남는다.

남원에서 대구로 돌아오는 길에 마음속에서 분노가 치밀어 올랐다. 언론이라는 게 뭔가? 최소한 진실이란 걸 토대로 보도를 내보내야 하고 적어도 그걸 보는 사람들이 제대로 알고 제대로 대처함으로써 개인의 삶, 사회의 안전, 국가의 발전에 도움이 되도록 하

2003년 조류독감 때 식구들과 지낸 닭 위령제

는 것이 그들의 본분이 아닌가? 조류독감 당시 너무 힘이 들어서 닭 위령제를 열었다. 그리고 8m 플래카드 두 장을 만들어 그 안에는 "한국 닭 먹고 조류독감 걸리면 가족 빼고 전 재산 모두를 주겠다."라고 까지 적어놓았다. 이렇게 할 정도로 언론은 무슨 난리라도 난 것처럼 떠들다가, 정작 진실이 밝혀지고 난 다음에는 사과 한마디 없었다. 그들에게 책임이라는 단어는 남의 나라말인 것 같았다.

비키니 사진만 선정적인 보도가 아니다. 사실과 진실에 기반을 두지 않는 바람몰이식 보도는 모두 선정적이다. 그리고 그 결과는 엄청난 아픔이 되어 억울한 사람을 만들고 그들의 눈에서 피눈물이 나게 한다. 물론 자기 밥그릇 챙긴다고 외면하시는 분들도 계시리라 생각한다. 하지만 천편일률적으로 조류독감의 위험성만 부각시키고 집단으로 살 처분되는 장면을 반복해서 보여줌으로써 국민들에게 혐오감만 주는 것이 언론의 정도라고는 생각하지 않는다.

조류독감에 관한 언론의 보도행태를 보면 비과학적이기까지 했다. 원인과 결과가 불분명한데도 마치 닭고기만 먹어도, 심지어 닭 집 근처에만 가도 아프거나 죽을 수 있다는 식으로 몰아친다면 나도 할 말이 있다.

옛날 어른들은 낮에 꾸벅꾸벅 조는 사람에게 '야 너 닭 병 걸렸니?' 라고 말씀하셨다. 집에서 기르던 닭이 갑자기 죽는 일도 허다

했다. 그 시절엔 갑자기 죽은 닭이나 오리를 아무렇지 않게 잡아먹었고 아무 탈도 없었다. 근데 그게 조류독감이었을 수도 있지 않나? 조류독감이란 것이 이슈화된 것은 미국에서 조류독감 병원체를 발견한 데서 시작되었다. 바이러스의 존재가 밝혀지자 사람들은 그에 대처해야 한다는 인식이 생겼고, 오히려 그것으로 인해 사람들이 닭을 대하는 태도가 조심스러워 졌다.

8m짜리 닭 위령제
플래카드(2004년)

조심해서 나쁠 것이야 없지만, 미국에서 자국의 축산물을 수출하는 데 유리하도록 제도적인 기반을 만들기 위해 조류독감에 대한 규정, 그리고 청정국가의 기준 등을 만들었다고 하는 루머도 있다. 그렇다면 그러한 루머도 일단 마구잡이식으로 보도 해놓고 봐도 된단 말인가?

누구에게는 매일같이 겪는 일과이고 수 없이 쏟아내는 기사 중의 하나일지 몰라도 어떤 사람은 그로 인해 삶의 터전이 파괴되고 희망이 무참히 짓밟히기도 한다.

사족을 하나 붙이자면, 나도 최근 조류독감 파동으로 인해 꽤 오랫동안 부었던 연금보험을 해약했다. 그것도 만기를 두 달 남겨놓고…

잘못된 보도는 총이나 칼보다 훨씬 무섭다. 최소한 이렇게라도 했어야 했다.

"조류독감이 발병했습니다. 그러나 조류독감이 걸린 닭일 지라도! 우리나라같이 굽거나 삶거나 튀겨서 먹는 경우, 인체에 아무런 영향도 주지 않습니다."

나는 묻고 싶다.

"당신의 가족이나 친척이 치킨집을 한다면 그렇게 특종경쟁을 하듯이 사실과 관계없는 장면을 화면에 내 보낼 수 있겠는가? 닭이 피를 흘리는 장면, 온몸에 흙을 묻힌 닭이 도대체 조류독감과 무슨 관련이 있는가?"

다시 한 번 피를 토하는 심정으로 말한다.

전 세계에서 헬리콥터까지 띄워 살 처분하는 장면을 방송하는 나라는 우리나라밖에 없을 것이다. 이것이 과연 서민을 위한 방송인가? 당신들이 헬기 한번 띄워 살 처분 장면을 방송하면 수없이 많은 오리·닭집은 한순간에 추락하는 사실을 알아야 할 것이다. 지금 내 주변에도 조류독감 파동으로 문을 닫은 가게가 한두 곳이 아니다. 이것이 바로 눈앞의 현실이다. 어제 반갑게 인사 나누던 옆집 가게, 앞집 가게가 하루아침에 문을 닫고 당장 끼니를 걱정해야 할 만큼 사지로 내몰린 것이다. 이런 상황에도 언론은 국민의 알 권리라는 방패막이를 내세워 제대로 알아보지도 않고 무차별적으로 방송을 하고 있으며 그에 따른 아무런 제재도 받지를 않는다.

또 다른 채널에선 방송 말미에 내용의 전체적인 흐름과는 전혀 관계없는 중국 조류독감 관련 내용을 방송하며 "오늘도 1명 사망했습니다. 금년 조류독감 사망자 수가 총 108명입니다."라는 보도를 내보낸다. 왜? 무슨 이유로 죽었는지는 한가디 이야기도 하지 않고 그냥 방송을 한다. 이런 폭력적이고 일방적인 방송이 어디 있는가?

난 확신한다. 올해 닭값 천정부지로 치솟을 거라고. 그러면 또 수입할 거다. 정말 잘들 하는 짓이다.

다른 선진국에선 자국의 이익을 위해 최대한 자제하고 적정히 조율하여 방송한다. 그래! 이런 건 바라지도 않는다. 많이 방송해도 좋으니 균형 잡히고 제대로 된 방송을 하란 말이다. 우린 오로지 선정적인 화면으로 가득 찬 무슨 전쟁터에서 방송하는 것처럼 난리도 아니다.

이런 말이 생각난다. 수십 년 전 지인에게 우스운 이야기를 들었다. 중국 최고 정치인이 일본을 방문했단다. 외교상 보통 도착하면 환영식이 있고 끝나면 다음 장소를 향해 헬기로 움직이는데 일본에서 자랑한다고 신칸센을 태웠다고 한다. 그리고 기차에서 일본의 최고수장이 이것이 세계에서 제일 빠른 기차라고 자랑을 한다. 그런데 돌아오는 말.

"아니, 이렇게 작은 나라에서 어디를 그렇게 빨리 가려고 이런 기차를 만들었어요. 우리나라같이 땅이 크면 모를까. 일본 같이 작은 나라에서…."

일본 최고수장은 아무 말도 못 하고 고개를 숙였다는 실화? 설화? 이것이 사실인지 아닌지는 확인이 되지 않지만, 아무튼 이 대목에서 난 자신 있게 하고 싶은 말이 있다.

이렇게 작은 나라에 무슨 언론사가 이리 많은지…

적어도 언론사라면 민감한 문제일수록 호들갑 떨지 말고 사태를 정확히 파악하고 보도해야 한다.

앞으론 말도 안되는 기사를 앞다투어 보도하는 것은 자제해 주기 바란다. 이건 부탁이 아니다.

대한민국에서 솥뚜껑 운전하는 가게만 50만 개다!

실제로 조류독감 파동 이후 외식업계 피해 실태 관련 조사 결과, 최초 보도 시점(2014.01.17)을 기점으로 불과 5일 사이에 음식점 매출이 평균 40.5% 급감했다. 그리고 이러한 소비자들의 반응에 애가 타는 건 당연히 관련 업계다. 2011년 기준 가금류 관련 외식업 종사자는 134만 명으로 축산 전업농가 및 도축업체 종사자 11만 6,000명보다 10배 이상 많은 상황이다(출처_음식과 사람 349호). 상황이 이러하니 조류독감 바이러스의 발견으로 실질적인 피해를 보는 곳이 바로 외식업계인 것이다. 양계농가는 살 처분 시 80~90% 손실 보상에 사업 재개를 위한 추가 보상까지 이루어지지만, 외식업계는 그 피해를 개인이 고스란히 떠안아야 하는 실정이다. 물론 이것이 결국에는 농가의 어려움으로 이어지게 될 것은 명약관화하지만 말이다. 이런데도 방송에선 자극적인 내용만을 연일 보도하며 오히려 피해를 부추기고 있다. 오죽하면 정병학 계육협회 회장은 조류독감 때문에 닭 출하를 하지 못한 농민의 자살을 언급하며 "조류독감으로 죽은 것이 아니고 언론 독감으로 죽었다"고 비판했겠는가.

농림축산식품부도 마찬가지다. 처음에는 살 처분을 통해 예산을 낭비하더니 나중에는 안심하고 드셔도 된다는 TV광고로 또 한 번

예산을 낭비한다. 사후약방문도 아니고 이렇게까지 하면서 이중으로 돈을 쓰는 이유가 무엇인지부터 정부는 밝혀야 한다.

마지막으로 최근 대한가정의학회에서 발표한 보도자료를 소개하면서 마무리를 할까 한다. "현재 우리나라에 유행하는 조류독감은 인체 감염을 시키지 않는다. 익힌 음식으로는 감염되지 않아 조류독감이 유행한 지역에서도 오리와 닭고기를 안심하고 먹어도 된다."

쓰레기 만두

2004년 대한민국을 떠들썩하게 만든 이른바 '쓰레기 만두' 사건이 일어났다.

신문과 방송에서 너나 할 것 없이 앞 다투어 집중보도를 했고 뉴스를 접한 국민들은 경악과 분노를 금치 못했다. 당사자이건 아니건 만두 업계의 매출은 폭락했고 해당 업체로 지목된 한 만두 업체의 사장은 결백을 호소하며 스스로 목숨을 끊었다.

수많은 만두 제조업체들이 고발을 당해 법정에 서게 됐다. 그건 광풍이었다. 목숨까지 버려가며 억울함을 호소한 한 사람의 목소리는 몰아치는 광풍에 여지없이 묻히고 말았다.

많은 세월이 흐르고 내용을 조목조목 살펴본 결과, 법원에서는 보도 내용이 사실과 다르다는 결론을 냈고, 지목됐던 업체들에 대해서도 대부분 무죄판결을 내렸다. 하지만 도산한 업체들은 회복할 수 없었고, 목숨을 잃은 그 만두 업체의 사장님은 다시 돌아오지 못했다.

쓰레기 만두! 말 그대로라면 사람이 먹을 수 없다. 쓰레기를 어떻게 사람이 먹겠는가? 하지만 실제 내용을 살펴보면 단무지를 만들고 남은 것, 다시 말해 정갈하게 단무지를 다듬고 남은 무의 머리와 꼬리 부분을 '쓰레기'라고 표현을 해버린 것이다.

오히려 만두 제조업에 종사하는 사람들이 처음에는 뭐가 어떻게 돌아가는 건지 영문을 몰라 의아해했다. 영양학적으로도 무의 뿌리와 머리 부분은 몸통보다 맛있는 성분이 포함되어 있다. 그런 맥락이라면 게살을 잘라내면서 남은 걸 진공포장해서 만들어 내면 그건 '쓰레기 게살'이 되어야 하지 않는가? 그뿐만 아니라 우리나라의 가공식품에는 원재료의 자투리 부분을 활용하는 식품들이 대단히 많다.

그걸 앞뒤 잘라 먹고 '쓰레기 만두'라고 표현한 대한민국 언론들! 먹는 음식으로 장난치는 사람들 잡아서 엄하게 벌을 내리시되 제발 부탁이니 서민들이 편하게 먹는 일상음식을 취재할 때는 극단적 의견을 지닌 취재원만 소중하게 다룰 것이 아니라 보도 후의 여파와 형평성, 그리고 전후 사실과 내용을 좀 더 명확하게 파헤친 후 보도해 주시기를 두 손 모아 빈다.

한우

언제부턴가 여름철만 되면 비브리오패혈증에 관한 뉴스를 상습적(?)으로 접하게 된다. 어디 어디에서 비브리오패혈증이 유행하고 있다고 보도가 되면 으레 전국의 횟집은 한동안 손님이 없어 썰렁한 상태로 버텨야 한다. 사람들의 뇌리에서 그 병이 떠나가거나 사람들의 이목을 끌 강력한 뉴스거리가 나와 잊힐 때까지.

사실, 비브리오는 물 온도가 내려가면 다 죽는다. 다시 말해 수족관에 있는 고기는 안전하다. 내륙지방에서 비브리오패혈증에 걸렸다는 사람이나 뉴스를 본 적이 있는가? 수족관으로 옮겨져 차를 타고 식당까지 도착한 생선에서 살아남는 비브리오는 없다. 그래도 무슨 균이 있다면 그건 비브리오가 아니다.

몇 년 전 안동에서 구제역이 발생해 인근 지역으로의 확산이 우려된다고 대대적으로 뉴스가 나온 적이 있다. 그날부터 시작된 언론보도의 행태는 조류독감 때와 거의 다를 바 없었다. 구제역이란 어떤 병인지 그리고 어떻게 대처를 하면 되는지에 대한 내용보다 가축을 살 처분하는 잔혹한 장면을 비롯해, 보고 있으면 무시무시하게 느껴지는 장면과 언급들로 화면을 가득 채웠다. 어처구니없게도 구제역 사태가 진정되고 난 뒤 안동이 구제역의 최초 발생지가 맞는지에 대한 논란이 도마 위에 올랐고 다수의 전문가들이 그렇지 않다는 견해를 내놓았다.

구제역 사태를 겪는 동안 안동시에서는 방역과 도살처분 된 가축을 매몰하는 과정에서 과로와 정신적인 스트레스 누적으로 인해 2명이 사망했다. 구제역 바이러스의 진원지로 지목된 안동시 와룡면의 서현 축산단지에서는 수많은 가축들이 도살처분 당했고, 심지어 어떤 분은 그곳에서 농장을 운영했다는 이유만으로 수십 킬로미터나 떨어진 그가 소유한 다른 농장의 멀쩡한 돼지 1만 1천 마리마저 무참히 도살처분 당했다. 전국적으로 그렇게 땅에 묻힌 가축들의 생목숨이 350만에 달했다.

전문가에 의하면 구제역은 아무런 조치를 하지 않았을 때 감염률이 20% 정도이고, 치사율은 5% 미만이라고 한다. 다 자란 소나 돼지는 거의 죽을 확률이 희박하니 그냥 놔둬도 새끼들만 잘 보살피면 되는 정도의 병이라고 한다.

구제역이 무슨 흑사병이나 되는 것처럼 그렇게 난리를 쳐대고 그 때문에 안동시는 사람이 들어가서는 안 될 지역처럼 만들어 놓고 안동에서 유명한 사과, 헛제삿밥, 안동찜닭, 안동식혜 등 우리 조상들이 물려준 그 멋진 음식들까지 멀리하게 만든 말도 안 되는 상황을 어떻게 설명해야 하는가?

전부 언론의 탓으로 돌릴 수는 없다. 하지만 사람들이 미쳐 날뛰더라도 냉정함을 잃지 않고 침착함을 잃지 않고 사실을 찾아내고 가려진 진실을 파헤치는 것 또한 언론의 본분일 것이라는 생각을 지울 수가 없다.

2001년에도 광우병 파동이 있었다.

유럽에서 광우병 소식이 들려오더니 이웃 나라 일본에서도 광우병 의심 소가 발견되었다. 그러자 그로 인한 불똥이 엉뚱한 곳으로 튀었다. 사람들의 공포가 커지면서 한우마저 기피하는 현상이 나타나고 말았다.

그 당시, 평소 금산삼계탕 광고로 거래가 잦았던 지역의 신문사 광고부에 전화를 했다.

"부장님 광고면 하나 잡아 주이소."

"좋습니다. 김 사장님 언제 하실라고?"

"빠르면 빠를수록 좋습니다. 광고 문안은 오늘 안에도 만들 수 있을 것 같심다."

"하하 금산에서 새로운 메뉴라도 낸 모양이죠?"

"아입니더, 한우 광곱니더."

"예? 한우요?"

당시 신문광고비로 큰돈을 지불했다. 그 정도가 내가 할 수 있는 일의 전부였던 것 같다. 그리고 아이러니하게도 그나마 내가 할 수 있었던 일도 언론이라는 매체를 통해서였다.

납 꽃게

우리나라는 국산에 대한 애착이 강하다. 수입과 국산의 품질의 차이가 크기 때문이다. 그러나 외국에서는 우리나라만큼 국산과 수입상품에 대한 차별을 크게 두지 않는다. 거의 품질의 차이가 나지 않아서다. 나는 오래전부터 외국에서 이미 여러 번 경험을 통해 그 사실을 알게 되었다.

10여 년 전 일본에서 겪은 일이다. 그냥 보통 동네 채소가게를 지나다가 깨끗한 대파가 진열되어있는 것을 보고 발걸음을 멈추었다. 대파 상태도 좋았지만 너무나 깨끗하게 다듬어져 포장되어 있어서, 혼자 마음속으로 '역시 일본이구나!' 생각했다. 대파는 종이 박스에 담겨 있었는데 박스까지도 깨끗했다. 그래서 박스를 유심히 살펴보다가 원산지를 발견했다.

'made in china!' 중국산이었던 것이다. 정말 깜짝 놀랐다. 우리나라에서 중국산 하면 지저분하고 신선하지 않아 믿음이 안 가는 품질을 먼저 떠올리게 된다. 그런데 이리도 깨끗한 포장상태의 대파가 중국산이었다니… 그 충격은 이루 말할 수 없었다. 나중에 알고 보니 일본은 중국에서 수입할 때 최고가 아니면 아예 수입하지 않는다고 한다. 일본은 수입업자들이 자신들의 기준에 상품이 부합하는지 품질을 꼼꼼히 따져보고 가져온다. 물론 중국과 우리나라에도 똑같이 적용한다고 한다. 즉, 중국산이라고 무조건 나쁜 상품만 있다는 것이 아니라는 뜻이다. 또 이 말은 우리나라 수입업자는 제대로 되고 좋은 품질의 상품을 수입해오지 않는다는 소리다.

제대로 된 언론이라면 수입업자들이 제대로 하지 않는 것을 보도해야 한다. 그러나 언론은 어떻게 수입되어 오는지를 모르는 힘없는 식당만 보도하여 죽이고 있다. 정말 이해할 수가 없다. 대기업에서 나오는 식재료를 보아도 다 수입이다. 단 한 가지라도 수입이 아닌 게 거의 없다. 그럼에도 식당에만 책임을 돌려야 하는가? 수입업자가 제대로 검사해서 통관하는지 제대로 잡아줘야 그게 진정한 언론이다. 더 이상 힘없는 식당만 몰아가는 언론에 대해서는 더 강하게 배척해야 한다고 생각한다. 언론이 바로 서야 된다.

이러한 언론의 보도 행태에 대해 지금도 이해할 수 없는 것이 하나 있다. 몇 해 전 중국산 꽃게에서 납이 나왔다는 보도로 온 나라가 떠들썩한 일이 있었다. 난 그 보도를 보고 참 이상하다고 생각했다. 중국은 그 당시 꽃게보다 납의 가격이 더 비싸던 때였다. 그런데 무게를 늘리려고 납을 넣는다? 도대체 이해가 가질 않았다. 그 언론보도를 본 사람들은 '에이 또 중국산! 그러면 그렇지'라고 생각했을 것이다.

언론사라면 근거도 없이 중국산 꽃게에서 납이 나왔다는 것만 이야기하지 말고 어떤 경로를 통해 납이 나왔는지를 먼저 알아보고 방송을 해야 하지 않았을까? 아마 지금도 사람들은 중국산 꽃게에서 납이 나왔다는 사실만 알고 있을 뿐 왜 나왔는지는 어느 누구도 모르지 싶다. 꽃게가 납을 좋아하나?

중국산 꽃게에 납이 없었다는 이야기를 하는 것이 아니다. 납이 나왔다면 관련자는 마땅히 처벌을 받아야 한다. 하지만 이런 밑도 끝도 없는 기사 하나로 인해 양국 간 상호신뢰까지 흐트러진다는 사실만은 알았으면 좋겠다.

만약 경찰에게 나쁜 놈이 칼로 덤빈다고 하자. 그럼 경찰은 총으로 대적해야 한다. 경찰은 도망가는 범죄자를 허벅지 밑으로 쏴야 한다는 법이 있지만, 가만히 있는 목표물도 그렇게 정확히 쏘기 힘들다. 그러다 잘못 맞아서 허벅지가 아닌 다른 곳이 맞기라도 하면 언론은 경찰에게 과잉진압이니 하며 범죄자를 옹호한다. 그럼 경찰은 칼 든 범죄자에게 몸으로 맞서야만 된다는 말인가!

경찰은 대통령이 하지 못하는 일을 하는 사람들이다. 언론이 제대로 된 판단으로 칼에는 총, 총에는 대포로 승부해야 된다고 힘을 실어 주어야 되지 않겠는가!

인터넷

시대가 어떻게 바뀌고 있는지 넋 놓고 있으면 무슨 일을 해도 실패하기 십상이다.

예전에 연탄보일러 부동액 가지고 떵떵거릴 때 그랬다. 세상이 기름보일러의 시대로 바뀌고 있었음에도 난 눈뜬장님 마냥 봐야 할 것을 보지 못했고 그 결과 지긋지긋한 굶주림을 다시 겪어야 했다.

그 후로 무슨 일을 하든지 세상의 변화에 민감하게 반응하고 대처하려고 노력한다.

금산삼계탕을 시작할 즈음 세상은 아날로그 시대에서 디지털 시대로 빠르게 바뀌고 있었다. 금산삼계탕은 대구에서 식당으로서는 처음으로 홈페이지를 구축했고 최근 들어 스마트 폰 전용 페이지도 개발해 운영하고 있다. 그리고 삼계탕 주문을 인터넷으로 받은 지는 이미 오래되었다. 그런데 이 인터넷이라는, 더 정확하게 말하면 인터넷 문화라는 것이 나를 새로운 세계로 불러들여 재미와 흥분, 그리고 즐거움을 주기도 하지만 그에 못지않게 고민거리와 숙제를, 때로는 스트레스를 가져다주기도 한다.

미국에 출장을 가 있을 때의 일이다. 가게에서 전화가 와 지금 난리가 났다는 거였다.

대체 무슨 일로 그러는지 자초지종을 물어보니 손님 네 명당 한 개씩 드리는 사은품이 원인이었다. 내용인즉슨 손님 중에 아이를 포함 여섯 분이 식사하시고 사은품 두개를 요청했는데 매사에 정확한 성격인 아내가 이를 거절했다고 한다. 그리고 그게 큰 사건으로 번져 금산삼계탕의 야박함을 힐난하는 글들이 인터넷에 올라오더니 급기야 관련 사이트까지 퍼 나르기가 계속되어 금산을 비난하는 내용으로 도배가 될 지경에 이르렀다고 한다. 보통 일이 아니었다. 전화기 너머로 전해져 오는 다급한 목소리가 사태의 심각성을 짐작하게 했다.

급하게 귀국한 후 간신히 사태를 마무리했지만 그 후유증은 꽤나 오래갔다. 인터넷의 힘을 뼈저리게 통감하는 순간이었고, 너무도 큰 대가를 치른 뼈아픈 경험이었다. 그리고 한 참 후, 이번엔 자동차 관련 사이트에 금산삼계탕을 비난하는 글이 올라왔다. 한 번 뜨거운 변을 당한 터라 두근거리는 가슴을 억누르며 찬찬히 내용을 읽어 보았다.

어떤 손님이 오래전에 단종된 낡은 차를 타고 금산삼계탕을 찾았더니 주차하시는 직원부터 자기를 무시하듯 하고 아예 손님 취급조차 제대로 하지 않더라는 거였다. 그리고 그 내용 아래에는 댓글에 댓글이 끊임없이 이어지고 있었다.

컴퓨터에서 눈을 떼고 어떻게 대응해야 하는지 차분하게 머릿속으로 방법을 떠올렸다. 지난번 사건과는 그 내용이나 성격이 많이 달랐다. 그분은 그냥 그렇게 느꼈다는 것이지 실제로 어떤 불친절한 말을 듣거나 차별적인 대우를 받았다는 구체적 이야기가 없었다. 그 자동차 관련 사이트에 가입하고 며칠을 기다려 댓글을 올릴 수 있는 자격을 얻은 후, 있는 그대로 솔직하게 답변했다.

"특 대형차 1.2명/대형 차량 1.8명/중형차 2.2명/소형차 2.8명/경차 3.5명 이상은 저희 식당을 찾아오시는 고객분들의 평균인원을 차량 등급별로 분류한 수치입니다. 굳이 따지자면 저희 식당에선 어떤 차를 타고 오시는 분이 더 반갑겠습니까? 분명히 말씀드립니다. 저희 금산삼계탕을 찾으시는 고객은 한 분, 한 분 모두 똑같이 소중한 분들입니다. 결코, 타고 오시는 차 가지고 사람을 차별한 적도 없거니와 앞으로도 영원히 그럴 일은 없을 것입니다."

그 후로 잠잠하고 조용하게, 그리고 깔끔하게 사태는 마무리되었다.

속칭 '1호 차량'이라는 게 있다. 어떤 기관이나 조직의 제일 우두머리가 타는 자동차를 가리키는 말로 관공서나 회사 같은 곳을 가보면 현관에서 제일 가깝고 편리한 자리에 1호 차량만을 위한 주차선이 그어져 있는 걸 흔히 볼 수 있다. 하지만 식당에서는 그런 주차구역이 있으면 안 된다. 손님이 타고 오신 차는 모두 다 똑같이 1호 차량이다.

개인적으로 난 외제차량을 사지도 타지도 않는다. 거창하게 국산 품애용에 남다른 신념이 있어서가 아니다. 단지 우리 식당을 찾아오는 손님들의 눈을 불편하게 하고 싶지 않고 주차할 때 혹시라도 더 신경 쓰이게 하고 싶지 않기 때문이다. 그리고 식당주인은 자기 차를 절대 좋은 자리에 주차하면 안 된다. 멀찌감치 구석에 처박아두어야 한다.

퇴근 시간 즈음에 모 시청에서 정말 희한한 광경을 본 적이 있다. 위의 그 1호 차가 현관 바로 앞도 아니고 장애인을 위한 휠체어 길을 타고 올라가 유리문 앞에 서 있는 게 아닌가?

계단이라고 해봤자 불과 서너 개밖에 안 되는데 그걸 걸어서 내려온다고 시장의 권위가 손상되는 것도 아니고, 그야말로 눈 뜨고 못 봐줄 지경이었다. 도대체 그런 염치는 어디에서 나오는지, 시청의 1호 차는 시민이 타고 온 차가 아닌가? 그럴 땐 정말 인터넷의 힘이 필요하다는 걸 느낀다. 왜냐하면, 인터넷의 힘은 세기 때문이다. 그리고 갈수록 그 힘은 더 세지고 있다.

요즘은 사람들이 식당을 찾을 때 스마트폰을 꺼낸다. 그리고 거기에 올라오는 한 줄의 글이 내가 몇 날 며칠을 망태기에 전단지를 넣고 길거리에서 사람들에게 나누어준 효과보다 훨씬 더 클 수 있다. 하지만 힘이 세지고 있다는 것은 그만큼 조심해야 할 것도 많아진다는 뜻이기도 하다. 재미로 던진 돌에 개구리가 맞아 죽는다고, 재미로 올린 글 한 줄이 온 식구가 옹기종기 모여 생계를 걸고 식당을 하는 한 가족의 밥줄을 위협할 수도 있다.

수없이 많은 인터넷 블로그의 60~70%가 음식 또는 맛과 관련된 것들이라는 통계가 있다. 맛과 먹는 것에 대한 내용이 그만큼 우리 삶에 있어서 기본적인 것이고, 그래서 더 대중적으로 많이 다루어지기 때문일 것이다. 그러나 한편으로는 식당이라는 곳이 마음 내키는 대로 재미삼아 건드리는 만만한 대상이 되어버린 것 같아 씁쓸하다.

세상의 모든 음식은 나라마다 다르고 지역마다 다르고 심지어 집집마다 다르다.

음식에는 그 나라, 그 집안의 전통과 문화가 담겨있다. 그걸 내 주관적으로 함부로 평가해서는 곤란하다. 우리가 인도 사람들에게 손으로 밥을 먹는다고 야만인이라 욕하거나 중국음식의 향료가 역겹다고 그 나라 음식을 수준 이하라고 공격해서는 안 되지 않는가?

어떤 식당에서 바가지를 썼다거나 아주 불친절한 경험을 당했다면 블로그에 올려도 할 말이 없다. 하지만 어떤 식당의 음식에 담긴 고유한 맛과 그 내력을 깡그리 무시한 채 내 입맛을 절대적 기준으로 삼고 거기에 음식에 대한 전문적 지식이 있는 것처럼 포장까지 해서 식당을 공격해서는 안 될 일이다. 그리고 하루 벌어 하루 살아가는 영세한 가게일 경우에는 블로그에 올려진 한 줄의 글로 인해 한순간에 돌이킬 수 없는 상황으로 내몰릴 수도 있는 것이다.

　아주 오래된 밥집 하나가 있다. 건물은 낡았고 내부도 허름하기 짝이 없다.
　가서 밥을 시키면 우리가 예전에 먹던 촌 밥상 그대로 나온다. 인근 지역에서는 알 만한 사람은 다 아는 전통 있고 유명한 식당이다. 그런데 한 네티즌이 블로그에 글을 올렸다.
　"소문 듣고 찾아갔더니 도대체 먹을 만한 게 하나도 없더라. 인테리어도 엉망이고 시골 장아찌가 유명하다 해서 먹었는데 짜기만 하고."
　그 네티즌에게 한마디 하고 싶다.
　"장아찌는 원래 짜다!"

커뮤니티

　디지털 시대라고 한다. 지난 10여 년 동안 겪은 일들을 생각하면, 그리고 지금 당장 주위를 둘러봐도 맞는 것 같다. 첫 글쓰기도 휴대폰 자판을 눌러대며 시작했으니 그 또한 아날로그 방식과는 거리가 있다. 물론 사람이 살아가는데 온통 디지털이 다일 수는 없겠지만, 시대의 흐름은 분명 디지털로 가고 있다.

내가 피한다고 피해질 일도 아니고 시대가 그렇다면 차라리 먼저 들어가 자리 잡고 있는 것이 낫다. 그래야 봉변을 안 당한다. 또한 새로운 만남, 새로운 사람, 새로운 문화 속에서 누리는 재미와 끈끈한 정도 느낄 수도 있다. 처음 곤욕을 치른 그 인터넷 카페에 가입했고 지금은 정회원으로 활동하고 있다. 내가 제일 나이가 많다.

초등학교 동창회 말고는 중학교 고등학교 대학교 동창모임이 있을 수 없으니 나에겐 소중한 모임, 이른바 인터넷 커뮤니티다. 인터넷 커뮤니티의 특성 중 하나가 정보의 빠른 획득과 평등한 공유다.

우리 회원들은 이미 내가 금산삼계탕 주인이란 것을 다 안다. 내가 말하지 않았음에도 쉽고 간단하게 다들 알게 된다.

어느 날, 한 회원이 내게 물었다.

"사장님은 굳이 여기 안 나오셔도 되지 않나요?"

당신은 금산삼계탕 주인이고 이미 식당도 자리를 잡았으니 골프 모임 같은 곳에나 가 있을 사람, 딱히 이런 데 나와서 식당이나 음식과 관련된 정보를 아마추어들과 공유해야 할 만큼 아쉬울 것도 없는 사람(?) 등 여러 가지 의미를 담고 있었다. 하지만 그 회원의 생각과는 달리 내겐 분명한 이유가 있다. 디지털 커뮤니티의 새로운 문화가 좋고 늘 싱싱한, 살아 있는 정보를 얻고 서로 나누어서 좋고, 내가 다른 회원보다 음식에 대한 전문적 지식이 있다면 그걸 나누어 주는 기쁨이 있고 힘이 세진 인터넷이 그 힘을 올바르게 쓸 수 있도록 티끌만 한 역할이라도 할 수 있다는 것이 즐겁다. 그리고 늘 아쉽다. 새로운 음식, 사람들의 생각, 새로운 맛, 새로운 식당, 새로운 트렌드 등 수없이 많은 것들에 대한 정보가 늘 아쉽고 목마르다.

Chapter 02

이영돈氏! 나랑 한판 붙읍시다!

MSG가 착한 식당의 기준?

금산삼계탕은 발효 조미료를 사용한다.

www.keumsan.co.kr에 들어오면 좌측에 비법공개 메뉴가 있고 '이때 소량의 미원과 다시다가 들어간다.'라고 눈에 잘 띄도록 빨간색 글자가 깜빡거린다.

예전에 아직 인터넷문화란 것이 없던 시절에 오희정 실장을 만났다. 지금은 우리 금산삼계탕 내부를 총괄하는 지배인 역할을 하고 있지만, 당시에는 월급조차 잘 안 나오는 조그마한 잡지사의 사진 기자였다. 내가 그에게 제안했다. 전국 방방곡곡을 돌아다니며 식당을 취재해 '여행할 때 이 책 없으면 굶는 수가 생긴다.'라는 책을 내자고.

서로 뜻이 맞아 함께 봉고차를 타고 전국의 식당을 찾아다녔다. 그러다 제주도 산방산 근처에 해물탕을 맛있게 하는 집을 발견했다. 제주도 토박이 할머니가 운영하는 조그마한 식당인데 어찌나 맛있던지 하루는 할머니에게 조리과정을 좀 보여 줄 수 없겠느냐고 조심스럽게 부탁했다. 그러자 할머니가 흔쾌히 그러라고 하시면서 주방으로 우리를 불러 해물탕 만드는 도든 과정을 직접 보여 주셨다. 그런데 어느 시점이 되자 조미료통을 꺼내시더니 팍팍 집어넣으시는 게 아닌가?

내가 웃으면서 "할머니! 조미료를 막 써도 됩니까?" 하고 물으니 할머니 말씀이 걸작이었다.

해물탕을 한 숟가락 떠 맛을 보시면서 "조미료 빼면 이 맛을 못내! 그리고 이게 들어가야지 싱거운 맛은 싱겁지 않게 짠 맛은 짜지 않게 되는거야!"

금산삼계탕도 일주일 동안 삼계탕에 조미료를 안 넣었더니 단골손님들이 말씀하시길 "김 사장, 이제 돈 좀 벌었다고 삼계탕 육수도 제대로 안 빼고 말이야…" "맛도 전과 같지 않고 밍밍하고…" … 그래서 난 다시 조미료를 넣었다.

허영만 작가가 쓴 『식객』이라는 만화에는 이런 대목도 있다.

한 손님이 돈을 넉넉히 내놓고 짜장면을 시키며 말한다.

"조미료를 먹으면 두드러기가 나니까 절대 넣지 마세요!"

진짜 두드러기가 나는지 궁금했던 요리사는 짜장면에 조미료를 넣는다. 식사를 마친 손님은 이렇게 말한다.

"내가 먹어본 짜장면 중에서 오늘이 최고였어!"

결론부터 이야기하면 발효 조미료는 몸에 해로운 것이 아니다. 미원, 아이미 등은 김치나 젓갈을 발효시키듯 사탕수수를 발효시켜 만든다.

아주 오래전에 '아지노모토味の素'라 불리던 조미료가 있었다. 그게 바로 요즘 말하는 발효 조미료였다. 그땐 어른들이 드시는 음식에 먼저 들어가고 아이들은 차례를 기다려야 할 만큼 귀한 대접을 받았다. 그 조미료 때문에 병에 걸린 어른들은 당연히 없었다.

음식은 손맛이고 그 손맛의 비법은 지극한 정성에 있다. 조미료는 극히 일부분에 지나지 않지만, 중요한 재료다. 금산삼계탕에도 조미료를 전혀 넣지 않으면 맛이 떨어진다. 하지만 갈수록 MSG로 일컬어지는 발효 조미료는 우리 사회에서 마치 사람들의 건강을 해치는 주범인 것처럼 냉대와 질시를 받고 있다.

왜 이렇게 되었을까? 누가 뭐래도 제일 먼저 언론을 지목하고 싶다.

한 종합편성 채널의 시사프로그램에서는 '착한 식당'의 기준으로 'MSG를 사용하느냐 그렇지 않느냐'는 식으로까지 보도를 하

16년 전 공개한 책

고 있다.

도대체 조미료가 왜? 무슨 근거로 그렇게 마구잡이식으로 공격하는지 알다가도 모를 일이다. 간판을 직접적으로 안 보여 준다고 해도 그 식당을 이용하는 사람이라면 그 집이라는 것은 충분히 알 수 있다. 하루아침에 그 집은 나쁜 식당으로 낙인찍히고 만다.

그들이 말하는 착한 식당과 나쁜 식당의 기준은 누구로부터 나온 것인지, 그들이 식당과 음식에 대해 재판을 내리고 사람들에게 강요할 자격과 권한이 있는지 묻고 싶다. 단순히 음식을 소개하거나 정말 양심 불량인 식당을 고발하는 것이라면 몰라도 '착한 식당'과 '나쁜 식당'이라니? 그들에게 식당과 식당 주인은 교실에 모인 학

249

생이고 그들은 학생을 훈육하는 선생님쯤이라도 되는가?

 얼마 전 TV를 통해 고구마는 저녁에 먹으면 몸에 좋지 않고 아침 식사 대용으로 하는 것이 좋다는 사실을 알게 되었다. 그래! 음식 및 건강 프로그램은 이러한 유익한 정보를 전달하는 것이 진정한 목적이 되어야 한다. MSG와 무슨 원수라도 졌는지 의심이 될 정도인 일부 프로그램은 시청률을 위해 왜곡된 연출을 함으로써 시청자들에게 공포와 걱정을 주고 있다. 이래도 되는 것인가?

 정확하지 않은 정보가 반복적으로 노출되게 되면, 마치 그것이 사실인 양 받아들이게 된다. 시금치에는 철분이 많이 들어있다고 알고 있는 것처럼 말이다.

 어렸을 때 만화 〈뽀빠이〉를 보면, 시금치를 먹고 힘이 불끈불끈 솟아 악당을 혼내주고 올리브를 구해준다. 그렇게 뽀빠이로 인해 시금치는 철분 왕이 되었다. 그러나 실제 시금치 철분 함량은 다른 채소들과 비슷하다. 오히려 비타민 A가 가장 많다고 한다. 이는 1870년 E. 폰 울프라는 독일의 과학자가 시금치의 영양 성분에 대한 논문을 쓰던 중 철분의 소수점 한자리를 오른쪽으로 잘못 찍은 데서 비롯된 것이다. 그 때문에 시금치에는 실제보다 10배나 많은 철분이 들어 있는 것으로 잘못 알려지게 되었다.

 이 오류는 1937년에 바로잡아졌지만 많은 사람들은 처음의 잘못된 정보로 인해 시금치를 먹으면 근육과 힘이 생기는 것으로 인식하게 되었고, 여기에다 1930년대 미국의 인기 만화영화 〈뽀빠이〉

가 등장하면서 일반인들에게 시금치가 철분 왕으로 잘못 알려지게
된 것이다.

발효 조미료에 대한 오해도 마찬가지다.

최근, 식품의약품안전처장을 비롯해 많은 관계자들이 참석한 식
품 기자포럼에서 이덕환 서강대학교 교수는 언론의 잘못된 보도가
MSG에 대한 국민들의 오해를 불러왔다고 말했다.

"MSG가 1급 발암물질이라는 언론보도는 왜곡된 것입니다. 1급
은 Group1이라는 영문을 잘못 번역한 것이고, Group1은 1군을 의
미합니다. 이러한 Group1에는 젓갈, 술 등이 있습니다. MSG는 여
기에 포함되지 않습니다. MSG의 주성분인 글루탐산은 우리 몸을
조절하는 아미노산의 일종으로 쇠고기, 멸치, 버섯 등 천연물질에
포함되어 있는 것입니다. 식품과 MSG를 통해 섭취하는 글루탐산
은 똑같습니다."

우리나라 식품의약품안전처는 MSG를 '인체안전기준치인 1일 섭
취허용량을 별도로 정하지 않은 품목'이라고 규정하고 있고, 심지
어 최근에는 인체에 무해하다는 입장을 공식적으로 표명하기까
지 했다. 그리고 까다롭기로 유명한 미국 식품의약청 FDA에서조차
'MSG는 일상적으로 먹어도 안전하다.'라고 분명히 밝히고 있다. 다
시 말해 평생을 마음 놓고 먹어도 안전하다는 것이다.

MSG는 해롭지 않다. 맛없이 억지로 먹기보다는 MSG를 조금 가미

해서 진정으로 맛있게 먹는다면 인체에 무해한 MSG는 가히 정력제
(?)라고까지 할 수 있다. 그리고 걸핏하면 언론에서 물고 늘어지는
과다섭취의 위험성 또한 마찬가지다.

세상에 어떤 식품이든 지나치게 먹어서 좋은 건 아무것도 없다.
그것이 산삼, 녹용이라 한들 다를까? 그런데 발효 조미료는 설탕
같이 단 맛을 내는 것도 아니고 조미료를 휴대하면서 수시로 먹을
일도 없거니와 음식에도 지나치게 넣으면 오히려 음식의 맛을 떨
어뜨리기 때문에 애당초 과다섭취할 일이 없는 식품이다.

난 『이영돈 PD의 먹거리X파일-착한 식당을 찾아서』라는 책을 출
간된 첫날 샀다. 그리고 하나하나 뚫어지게 봤다. 일일이 말을 하
자면 끝도 없지만, 이것 하나는 꼭 짚고 넘어가고 싶다. 책 내용 중
MSG 관련 부분이다. 방송 중에 MSG의 폐해를 고발하기 위해 직
접 조미료를 한 숟가락 가득 입에 털어먹는 장면을 연출했단다. 좋
다. 감동적이고 설득력 있는 방송을 하려면 본인이 먼저 체험하겠
다는 자세. 존경한다. 그리고 이어지는 내용. 그 맛은 지금도 떠올
리기 싫을 만큼 역겨웠단다. 속이 니글거려 한동안 죽을 뻔했단다.
어이가 없어 말문이 막힌다. 한번 물어보자. 우리나라에서 아니, 전
세계에서 조미료를 한 숟가락 가득 떠서 먹는 사람이 있는지… 나
같은 정신 이상자도 조미료를 숟가락으로 먹지 않는다. 아무리 자
극적인 장면을 통해 시청률을 끌어올리려는 것도 정도가 있는 것
이지 참으로 어이가 없는 것을 떠나서 언급 할 필요도 없는 대목

이다. 잘 모르는 시청자분들은 이 모습을 보면서 과연 어떤 생각을 하겠는가?

먹거리X파일에 묻고 싶다. 지금도 그러한 연출방식이 옳았다고 생각하는 건지. 아니 그렇게 믿고 있는 건지. 그러한 비현실적인 방식으로 얻고자 하는 것이 무엇인지.

방송국에서 나에게 명예훼손·책 가처분 등 어떠한 조치를 취해도 난 무섭지 않다. 그러한 과장 방송으로 시청자를 현혹하고 사실과는 전혀 동떨어진 내용으로 시청률을 올리는 데만 급급한 방송은 내가 얼마든지 상대해 줄 수 있다. 나한텐 밖에서 사나 나라에서 밥 주는 곳에서 사나 그게 그거다! 협박이 아니다!

만약 '발효 조미료를 쓰지 않기 때문에 음식 가격이 비싸다'고 하는 음식점에서 발효 조미료를 넣는다면, 그것은 손님을 속이는 나쁜 식당이 맞다. 그러나 미원도 소금이나 설탕처럼 일반적으로 쓰이는 조미료의 하나이기 때문에 별도의 그런 말없이 발효 조미료를 쓴다고 해서 속이는 것도 나쁜 것도 아니라는 뜻이다.

금산삼계탕에서는 발효 조미료를 필요한 만큼 사용한다. 그 시사 프로그램 관계자들에게 묻고 싶다. 불법적인 방식으로 신문구독을 유인하는 모기업의 행태를 취재할 의사는 없는지? 아니면 식당같이 세금 내는 곳이 아니라 세금 받아쓰는 곳, 정부기관을 찾아다니며 나쁜 기관, 좋은 기관을 판정하기 위해 카메라를 숨기고 들어가

서 도촬(그건 분명 도둑촬영이다)을 할 수 있는지? 그래서 국민의 세금으로 일하는 사람들이 근무시간에 사적인 행위를 하는지, 물품을 낭비하지는 않는지, 민원인에게 친절한지 등을 하나하나 물고 늘어질 용기가 있는지? 그리고 발효 조미료가 들어간 그 많은 대기업 식품들에 대해서는 왜 따져 묻지 않는지? 그리고 그러한 대기업들을 방송에서 착한 대기업 나쁜 대기업으로 나누어볼 생각은 없는지?

식당만 30여 년 한 내 눈에는 그 프로그램 군데군데 미리 짜고 보여주기, 심지어 방송인지 알면서도 모르는 척하는 식당 등, 있는 그대로가 아니라 조작과 연출에 의해 만들어진 장면들이 다 보인다. 그리고 그 전문가라는 사람들이 '이 집은 집 된장 쓰지 않아서'

식당, 이렇게 하면 빨리 망한다

또는 '집 간장을 쓰지 않아서'라며 식당을 공격하는 모습을 보면 어이가 없고 기가 차다. 만약 한국 콩으로 그 물량을 다 맞추려면 우리나라가 전부 콩밭이어야 하기 때문이다.

'난 착한 식당 되기 싫다. 그냥 맛있는 식당으로 남고 싶다.'

당신 딱 걸렸어!

평소에도 〈이영돈 PD의 먹거리X파일〉이라는 프로그램에 불만이 많았다. 바르고 건강한 먹거리를 추구한다는 의도는 좋지만 정확히 따지면 너무 과장 되었고, 심하게 연출된 부분이 있어서다. 특히 생계형 작은 식당을 운영하는 영세 사업자를 상대로 한다는 것이 무엇보다 비겁했다. 물론 우리 생활 곳곳에 들어와 있는 음식점이야말로 믿고 먹을 수 있는 곳이어야 한다는 것에 찬성한다. 그러나 사실이 아닌 것을 극적으로 보여주기 위해 연출을 한다든가, 잘 알지도 못하는 종업원에게 인터뷰를 하여 마치 그것이 사실인 양 그대로 방송에 내보낸다는 것은 잘못된 것이다. 어찌 보면 도촬을 당하는 작은 음식점과 방송을 보는 시청자들을 연출된 교묘한 편집으로 모두 속이고 있는 것인지도 모른다.

방송을 챙겨 보는 것은 아니지만, 가끔 채널을 돌리다 보면 워낙 재방송을 많이 해서 보게 되는 경우가 종종 있다. 그때 보면 곳곳에 '저건 연출이네' '일부러 저렇게 말하기를 유도하고 있네' '아니, 식당에서 서빙하는 사람이 뭘 알어?'하고 반박될 때가 많았다. 그러나 내가 잘 알지 못하는 분야가 나오거나 지식이 없는 부분이 많아서 '그냥 그러려니' '별수 없지' 하고 지나가는 경우가 대부분이었다. 그러던 어느 날, 9월 중순이 지날 무렵이었다. 전날과 비교가 되지 않을 정도로 매출이 뚝 떨어진 것이다. 이상하게 생각한 나는 같은 업계 지인에게 물어보았다.

"그쪽도 장사 안 됩니꺼?"

"몰랐나? 어제 이영돈의 X파일에서 삼계탕 나왔잖아."

그 소리를 듣자마자 바로 컴퓨터로 달려갔다. 다시보기를 할 줄 몰라 아들에게 부탁했다. 700원이나 주고 다운받아 처음부터 끝까지 꼼짝도 하지 않고 삼계탕 편을 다 보았다. 9월 20일 방송한 85회 착한 삼계탕 편이었다.

'당신 딱 걸렸어!'

이건 내가 제일 자신 있는 닭에 대해서 나오는 것이었다. 내가 닭 장사만 24년을 해왔는데 딱 보면 모르겠는가? 옳거니 너 잘 걸렸다 싶었다. 세세한 부분은 뒤에 가서 더 자세히 다루도록 하고, 일단 방송내용은 이렇다.

삼계탕 편의 중점은 삼계탕에 쓰이는 신선한 닭이었다. 오프닝부터 세 종류의 닭이 나온다. '신선육, 비품닭, 냉동닭' 이렇게 놓인

닭은 누가 봐도 신선육은 가지런하고 예쁘게 놓여있고 가면 갈수록 대충 갖다 놨다. 가장 좋은 신선육은 잡아서 냉장을 시킨 닭으로 흐트러짐 없이 깨끗하다. 비품은 도계과정 중에 뼈가 부러지거나 멍이 든 닭이다. 마지막 냉동닭은 말 그대로 냉동시켜서 해동한 닭을 말한다. 그렇게 시청자들에게 사전지식을 심어 놓고 삼계탕집에서 쓰이는 닭이 어떤 닭인지 본격적인 취재로 들어간다.

잠입취재를 담당한 피디가 카메라를 들고 식당 안으로 들어가 삼계탕을 시킨다. 그럼 주문과 동시에 얼마 되지 않아 금방 삼계탕이 나온다. 보기에는 먹음직스럽지만 군데군데 멍이 들고, 뼈가 튀어나와 있다. 이곳저곳 돌아다녀 보니 꼭 나쁜 점들이 하나씩 있다. 뼈가 부러져 있거나 튀어나와있는 뼈 색깔이 이상하다는 것이다. 심지어 같은 식당에서 두 그릇을 시켰는데 한 그릇의 삼계탕 뼈만 유난히 검기도 했다. 그래서 도계장으로 간다. 그곳은 이전에 착한 치킨 편에서 나왔던 곳이었는데, 닭이 손질되어 큰 기계에 하나하나 달려 돌아간다. 그때 닭이 기계에서 뚝 떨어진다. 직원은 달려가 떨어진 닭을 노란 박스에 넣는다. 박스에 담긴 닭이 비품이라는 것이다. 물론 정상궤도를 돌아 포장되는 닭보다 싸다고 한다. 이러한 닭이 삼계탕집에 쓰이냐고 전화취재에 들어간다.

"비품으로 나오는 게 있는데 조금 흠 있는 거 그런 건 싸거든요, 먹는 데는 아무런 이상이 없어요."

"(삼계탕 집에서) 다 비급 써요. 여하튼 매입 단가만 싸면 되는 거 아닙니까.”라는 답변이 나온다. 냉동닭이 유통기간을 지나면 개 사료용으로나 쓰는데 수원에 있는 닭에 속을 넣어 납품하는 업체 는 그런 닭을 써서 납품하고, 인천, 천안, 수원 각지로 납품하며 규 모를 자랑한다. 속을 넣어주는 작업장의 위생상태도 불량하다. 개 사료로나 쓰이는 닭을 삼계탕 몸보신용으로 가져다 판다는 것이 다. 그렇게 양심 불량인 삼계탕이 시중에 많다는 것을 못 박고, 이 제 착한 삼계탕을 찾아 나선다.

 수백 곳의 후보 중 몇 곳이 선정되었는데, 종로, 진주, ○○이었다. 제주도도 세 곳 있었지만, 거기는 멀어서 그런지 패스하는 것 같았 다. 아무튼, 종로, 진주, ○○ 이렇게 차례로 착한 삼계탕을 찾으러 자타 전문가 집단이라는 사람들과 함께 품평을 한다.

식당, 이렇게 하면 빨리 망한다

종로는 대통령이 찾아가 먹는다는, 한국을 대표하는 유명명소로 자리매김한 곳이다. 처음에는 맛있고 구수하다고 하다가 얼마 되지 않아 조미료가 너무 많이 들어가서 물린다는 식으로 말한다. 김치도 각두기가 거뭇거뭇한 게 썩은 무로 한 것 같다며 밑반찬에 대해 실망을 한다.

다음은 진주가 나온다. 진주는 토종닭 삼계탕인데 12,000원밖에 하지 않는다. 토종닭은 삼계닭보다 자라는 기간이 늦어서 삼계탕용으로 하기에는 좀 단가가 비싸다. 맛을 본 전문가들은 국물 맛부터 육질 등이 모두 좋다며 칭찬한다. 그러나 한 전문가는 표정이 좋지 않다. 삼계탕으로 내온 닭이 토종닭이 아니라 웅추라는 것이다.

웅추는 토종닭이 아닌 외래종의 하나로, 외래종은 알을 얻는 닭과 고기를 얻는 닭이 있는데 고기를 얻는 닭이 삼계탕용 닭이고 알을 얻는 닭 중 쓸모없는 수탉이 웅추라는 것이다. 정식품종으로 등록되지 않아 삼계탕용 닭보다 훨씬 더 싸다고 한다. 전문가는 웅추일 것이라고 의심 했고, 취재진이 따로 사장을 만난다. 사장은 웅추가 토종닭이라고 알고 있었다.

제작진은 닭을 유통 받는다는 유통 업자에게 직접 전화를 걸어 사실을 추궁하자 웅추이며 토종닭이 아니라고 꼬리를 내린다. 사장은 당혹감에 말을 잇지 못한다. 결국, 유통업자의 손에 놀아나고 있었던 것이다. 하지만 여기서 짚고 넘어가야 할 것이 있다. 웅추가 더 싸다고 설명을 하지만 실제 웅추가 가게에 들어오는 단가는 삼계탕용 닭보다 약 3~5백 원 비싸다. 엄연히 비싼 것이 맞는데도 이영돈씨의 한 마디에 진주 삼계탕은 더 싼 닭을 쓴 것으로 매도되고 말았다.

마지막은 OO으로 찾아갔다. OO에 가니 미리 예약을 하지 않아 50분이나 기다렸다가 먹어야 했다. 기다린 이유는 닭을 바로 잡아 만들기 때문이라는 것이었다. 전문가들은 밖으로 나가 진짜 닭이 뛰어놀고 있는 모습을 보고 크게 기대를 한다. 50분이 지난 후 삼계탕이 나왔다. 맛과 닭의 육질에 모두 극찬을 하고 심지어 감동을 받는 모습이었다. 조금의 망설임 없이 OO 삼계탕을 착한 삼계탕으로 지정했고, 공개 방송을 요청한다. 부부는 정말 닭을 키우는 것부터 시작해 김치 하나 담그는 것과 손님상에 오르기까지 모든 것에 정성을 들여서 하고 있었다.

OO의 두 내외는 정말 내가 봐도 대단해 보였다. 삼계탕에 쏟는 정성과 상차림에 올라가는 것 하나하나를 모두 손수 하고 있는 것은 누가 봐도 대단한 일이다.

부부에게는 박수를 보내고 싶다. 다만, 그 프로그램을 만들고 지휘하고 있는 이영돈씨의 잘못이 너무 많다. 지금부터 하나하나 잘못된 부분을 따져 보도록 하겠다.

단, 오해가 있을 수도 있으니 한 가지만 짚고 넘어가겠다. 혹시라도 먹거리X파일 제작진은 방송으로 피해를 본 가게의 치기 어린

불평불만으로 대수롭지 않게 여길 수도 있겠지만 금산삼계탕은 애초 취재의 대상이 아니었다. 이 점은 분명히 해두고 싶다.

진실과 연출사이

 이영돈씨의 잘못을 찾기 전에 이 프로그램 자체가 잘못되었다. 그 이유는 도촬로 만들어졌기 때문이다. 그렇다면 도촬(도둑 촬영)은 불법이 아닌가? 친한 피디가 있는데 공공의 이익을 위한 도촬은 불법이 아니라고 한다. 그리고 전체 중에 49%가 잘하는데 51%가 잘못하고 있으면 도촬이 가능하다고 한다. 하지만 그렇기 때문에 식당 도촬이 불법이라는 것이다. 음식점은 공공의 이익과 관계되는 것도 아니고, 사유지로 개인의 재산이기 때문이다. 그리고 51%가 잘하는데 49%가 잘못하고 있으면 수치상 그것은 불법이다. 늘 언급하지만, 전국 음식점 중에는 진짜 잘못된 식당보다 양심적으로 하는 식당이 훨씬 더 많다. 그것도 월등하게!! 공공의 이익이 아닌 개인 사유재산을 좀먹는 이영돈씨의 프로그램은 처음부터 불법으로 만들어졌다는 뜻이다. 이에 대해 더 알려져서 앞으로 불쌍한 도촬의 피해자가 생기지 않았으면 좋겠다.

 이제 본론으로 들어가서 스튜디오에서 시작하는 부분부터 얘기해 보자. 닭을 세 마리씩 세 종류로 분류해 놨는데, 왼쪽부터 ‘신선육, 비품닭, 냉동닭’의 순서다. 신선육을 설명하고 비품닭을 설명할 때 일부러 날개 부러진 것을 부각시켜 보여주면서, 곳곳에 멍이 들어 안 좋은 닭이라고 한다. 그러면서 인상을 찡그린다.

닭이 멍들고 날개 뼈가 부러졌다고 못 먹는 것, 우리가 먹으면 안 되는 닭이 아니다. 비품닭은 그저 가공 과정에서 흠집이 생긴 것뿐이다. 이는 과일나무에서 과일을 수확할 때 흠집 난 것을 골라내는 것과 마찬가지다. 같은 나무에서 열린 열매라고 하더라도 흠집이 나면 상품가치가 조금 떨어진다. 그러나 못 먹는 것은 아니다. 먹는다고 해가 되는 것도 전혀 아니다. 그저 조금 흠집이 나 보기 싫다는 이유에서 비급이 되는 것뿐이다. 그런데 마치 비품닭은 먹으면 안 되는 닭인 양 인상까지 쓰며 설명한다.

냉동닭은 말할 것도 없다. 가정에서도 닭을 사다가 요리할 때 쓰고 남으면 냉동실에 보관해 뒀다가 나중에 쓴다. 그렇게 얼었던 닭을 나중에 해동하여 쓴다고 할 때 그 닭이 못 먹는 것인가? 절대 아니다. 어느 가정에서도 흔히 그렇게 한다. 그러나 오프닝에서 이영돈씨는 닭의 모양이 흉측하고, 핏물이 녹았다면서 마치 먹으면 안 좋은 것처럼 설명한다. 이런 부정적인 시각을 만들어 놓고 비품닭과 냉동닭, 심지어 개 사료용 닭이 시중 삼계탕에 많이 쓰이고 있다며, 그동안 취재한 영상으로 넘어간다.

당일 잡은 신선육 1차 조리

1차 조리 후 5분을 더 끓이면
닭다리가 벌어진다

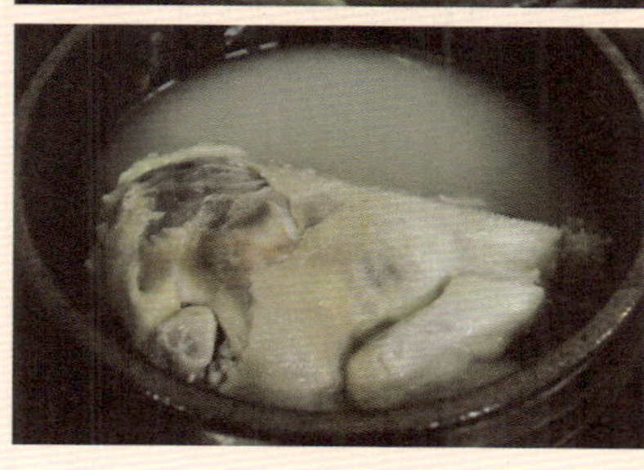

불에서 5분 경과 후
(등 색깔이 붉은색으로 변한다)

　우리나라는 무더운 여름철 유난히 보양식을 즐겨 찾는데, 삼계탕이 그중에서도 으뜸이라며 삼계탕을 먹는 사람들을 인터뷰한다. 그리고 문전성시를 이루고 있는 삼계탕집을 비추고 보양식으로 사랑받는 삼계탕에 대해 설명한다.

　"인삼, 마늘처럼 열을 내는 식재료와 봄부터 키운 병아리를 살이

연할 때 잡아 함께 끓여내는 음식. 삼계탕은 이열치열 열의 기운으로 열을 이겨내는 보양식입니다."

이 말을 듣고 기가 막혔다. '닭을 봄부터 키운다?' 닭은 365일 키운다. 계절과 관계없이 키우고 잡는다! 시작부터 우기기 시작하더니 지금은 아예 없는 사실을 갖다놓고 있는 것이 아닌가?

'닭이 쌀이냐? 논밭에서 나는 채소 과일도 아니고 봄부터 키워 잡는다니 말이 되는 소릴 해야지!'

정말 기가 찰 노릇이었다. 그리고 취재진은 서울 번화한 곳에 있는 식당에 들어간다. 당일 잡은 신선한 닭고기만 쓰고 있다는 문구가 있는 곳이다. 솔직히 모자이크 처리만 해놨지 한 번만 가 봐도 사람들은 다 안다. 그리고 종업원에게 인터뷰를 한다.

"영양 삼계탕에 뭐가 들어가나요?"

"찹쌀, 인삼, 마늘… (편집) 대학에서 연구해서 만든 거예요. 50년 전통이에요."

음성변조를 해 놔도 알아볼 사람들은 다 알아본다. 종업원은 손님의 질문에 자신이 아는 데로 답한 것뿐인데 방송에 출연하여 가게 홍보를 하게 되었다. 그리고 주문한 지 얼마 되지 않아 삼계탕이 나온다.

한참을 먹은 것처럼 그릇이 비워져 있는데 갑자기 피디가 날개가 부러져 있는 것을 발견한다. 닭살도 여기저기 이상한 얼룩들이 발견된다고 말한다. 이미 그 가게가 어디인지 다 오픈해 놓고 흠을 잡는 것이다. 인터뷰인 줄 모르고 자랑하듯 설명한 종업원은 순식간에 가게를 우습게 만들어 버린 꼴이 되었다. 그렇다면 이 방송이 나간 후 종업원은 무사하겠는가? 당연히 해고될 것이고, 하루아침에 일자리를 잃게 될 것이다. 그 종업원은 자신이 일하는 곳에 자부심을 느끼며 열심히 일한 누군가의 어머니였다. 살아보려고 식당 종업원을 한 어머니의 일자리를 이렇게 하루아침에 빼앗아 버린 것일 수도 있다.

근처 삼계탕집이라고 하며 한 곳에 들어가 삼계탕을 시킨다. 시키고 얼마 지나지 않아 바로 삼계탕이 나오자 신기하다는 듯이 묻는다.

"시킨 지 1분 만에 나왔네요?"

그러자 종업원은 항상 준비되어 있어서 그렇다고 말했다. 삼계탕은 무침이나 샐러드처럼 갓 만들어 먹는 것이 아니라 사골처럼 푹 우려낸 육수를 먹는 것이다. 가정에서도 끓여 놨다가 점심에 먹고, 저녁에 데워 또 먹는다. 그게 잘못된 것인가?

삼계탕이 빨리 나왔다고 하면서 닭의 상태를 점검한다. 국물 위로 나온 닭다리 색깔이 진한 갈색빛을 띠고 있었다. 그러자 사장인지 주방장 같은 분을 불러 닭 이상한 거 쓴 거 아니냐고 추궁한다. 손님의 질문에 당황해 하며 장사한 지 30년이 되었다고 결백을 주장한다. 당연히 결백하다.

'트집 잡을 걸 잡아라! 방금 잡아서 1시간 끓여서 익힌 다음에, 닭다리가 잠기지 않게 육수를 부어 약 5분 정도 끓이면 닭다리는 벌겋다 못해 시꺼메진다. 제대로 알고나 말하라고!'

 씩씩거리고 있는데, 한참 방송을 보다보니 나중에 착한 삼계탕의 삼계탕도 닭다리 색이 붉어 그릇에 담겨있었다. 그건 괜찮고 왜 이것만 트집을 잡아 가게에 피해를 주는 것인지 모르겠다. 물론 모니터에서 나온 여러 곳의 삼계탕집에는 분명 냉동닭을 쓰는 곳도 있었다. 아주 없었다는 것은 아니다. 하지만 일부인 것이지 전국에 있는 삼계탕집 모두가 냉동닭을 쓰고 있다는 듯이 연출해서는 안 된다는 것이다. 또한 냉동닭을 사람이 먹을 수 없다는 식으로 몰아가는 것도 문제다. 착한 삼계탕 집 외에는 모두 비급닭과 냉동닭을 쓰고, 비급닭과 냉동닭이 다 개 사료로 쓰인다는 듯 연출로 몰아가고 있는 것이 이 프로그램의 가장 큰 잘못이라고 꼬집고 싶다.

'이영돈씨! 방송이 장난도 아니고 제대로 알고 방송해야 할 거 아이가? 당신의 방송으로 인해 무고한 음식점이 문을 닫고 길거리에 나 앉아야 속이 시원하겠나? 자기만 잘 살겠다고 음식에 장난치는 소수 업자들이나, 본인만 잘살겠다고 사람 죽이는 방송 내보내는 당신이나 뭐가 다른데?'

 물론, 나도 다 잘못된 방송이라고 보지는 않는다. 식당 오래한 나로서도 '이건 아닌데' 라고 탄식이 나오는 경우도 있었다.

'착한해물탕' 편 이었을 것이다.

이미 손님상에 올라갔던 참소라껍데기를 물로 씻어서 그 안에 수입된 소라 내용물을 집어 넣어 해동시킨 후 재사용하는 화면이 나올 땐 나도 화가 나고 배신감을 느꼈다.

'어떻게 저럴수가! 저건 아닌데…'

그렇게 한 두집에서 참소라껍데기를 재사용하고 있었다.

다시 이야기하면 참소라껍데기는 국내산이었고 소라속은 수입냉동을 넣고 씻어서 다시 쓰고 있는 것이다. 이런 건 내가 봐도 참을 수 없었다. 이런 보도는 내가 봐도 참 잘한 일이다.

방송을 보면서 이제는 정말 우리나라에도 음식전문기자가 필요함을 다시 한 번 느꼈다. 단순히 맛이 있다 없다 만을 판별하는 수준을 넘어 음식 전반에 대한 지식과 역사, 그리고 법적인 문제까지 판단할 수 있는 음식전문기자 말이다. 그리고 그들의 정확한 취재만이 무고한 영세업자들의 피해를 조금이나마 줄이는 방법이라고 생각한다.

다시 얘기하지만 방송은 한 번 내보내고 나면 끝일지 모른다. 그러나 그러한 일방적인 방송으로 인해 누군가의 부모, 가족, 친구들은 돌이킬 수 없는 상황에 내몰릴 수도 있다.

유통되는 닭의 97%는 정품이다

　다음 영상에는 부러진 날개와 얼룩들이라며 보여주고 도대체 왜 그런 것인지 취재진들이 찾아 나선다. 이전에 착한 치킨을 할 때 나왔던 곳이라고 한다. 그곳은 닭을 도축하고 절단해 도매업자에게 유통하는 업체다. 나도 이곳에서 닭을 받는다. 모니터에서는 닭들이 줄줄이 매달려 돌아가고, 가끔 닭이 한두 개씩 떨어지는 장면이 나온다. 업체 관계자는 닭이 치여서 멍이 들었거나 흠집이 생기는 것이 많은데, 이는 상품가치가 떨어져 따로 빼놓는 것이라고 했다. 이를 비급닭이라고 부른다며 싼 가격에 나간다고 했다.

　나는 이 업체 사장과 잘 아는 사이다. 물어보니 닭을 도축하면 약 3% 정도 비품이 나온다고 한다. 비품이 상품가치가 떨어지는 것은 맞지만, 정품 생산량이 압도적이라는 말이다. 그리고 3% 중 1%는 재래시장에서 비급닭으로 판매되고 나머지 2%, 즉 누가봐도 현저하게 상품가치가 떨어지는 닭(도계 시 기계에 치여 닭 형태 자체가 사라진 것)은 개 사료로 사용한다. 물론, 재래시장에서 판매되는 닭이 모두 비품닭이라는 말은 아니다. 재래시장에서도 1%의 비품닭을 판매하고 있지만 나머지는 모두 정품을 판매한다.

　참고로 당시 인터뷰한 직원의 말을 들어보니, 젊은 남녀가 찾아와 앞으로 거래를 하고 싶다며 어마어마한 수량을 주문할 것처럼 했다고 한다. 직원은 수량이 많은 만큼 비품의 양도 많다는 의미

식당, 이렇게 하면 빨리 망한다

였고, 그걸 다 분류한다고 말한 것이었는데, 방송에서는 앞뒤를 다 자르고 비품이 많다는 식으로만 나온 것이다. 남을 속이고 도촬을 해가서 사실은 다 자르고 내보내면, 이것이 사기가 아니고 뭐겠는가? 정말 따지고 싶다.

'그래, 당신 말대로 삼계탕집에서 다 비품만 쓴다고 하자. 그럼 나머지 97%의 신선육은 다 어디로 사라진 건터? 97%나 되는 닭은 도대체 어디서 쓴다는 건지 밝혀라!'

찢어진 신문지가 된 인터뷰

그다음 전화 인터뷰를 시도한다. 과연 삼계탕에도 이런 비급닭이 쓰이고 있을까 의문을 던지며 인터뷰한 전화 내용이 이어진다.

A닭 유통업체 관계자

"이런 말씀 드리면 안 되는데 정품 말고 비품으로 나오는 것도 있어요. 조금씩 흠 있는 거 그런 건 싸거든요. 먹는 데는 아무런 이상이 없어요."

B닭 유통업체 관계자

"(삼계탕집에서) 다 비급 써요. 여하튼 매입 단가만 싸면 되는 거 아닙니까?"

또 앞뒤를 다 자르고 내보내니 사람들은 닭 유통업체가 삼계탕집에 비급 닭만 납품하는 것처럼 오해할 수밖에 없게 만드는 것이다. 그러나 절대 그렇지 않다. 앞에서도 말했듯이 정품 닭이 더 많이 생산된다. 나는 이 인터뷰 부분을 보고 생각했다.

'이 한마디를 듣기 위해 어떤 질문을 했을까?'

이것은 마치 우리가 찢어진 신문 쪼가리를 읽는 것과 마찬가지다. 머리 짜르고 꼬리 짤라 자기들에게 유리한 내용만 보도함으로써 왜곡된 내용을 사실인 양 받아들이게 만드는 것이다.

내가 추측해 보기로는 먼저 A업체에다가 '삼계탕집인데 매입을 어느 정도 할 건데 단가가 얼마나 되나?' 물었을 것이다. 그럼 업체는 '얼마다' 답했을 것이고, 제작진은 '너무 비싼데 더 싼 거는 없나?'라고 유도했을 것이다. 그리고 B업체에다가는 위와 동일하게 접근해서, '그럼 비급 써도 되냐? 다른 곳에서도 쓰냐?' 의심하듯 질문했을 것이다. 약간 짜증나 있는 B업체 목소리가 아마도 취재진의 계속되는 질문에 그런 것 같았다.

얼마나 집요하게 물어봤으면, 자기와 거래하겠다는 사람에게 짜증을 부렸겠는가. 만약 인터뷰가 떳떳하다면 앞뒤 자르지 말고 질문과 답변이 같이 나오게 했어야 한다. 취재 과정을 다 밝히는 것처럼 해놓고 정작 중요한 부분은 가려 자신이 필요한 것만 골라 쓰면서, 진실을 드러내는 척 꾸미고 있는 것이다.

게다가 자기네들이 직접 발로 재래시장을 찾아가 닭집에서 비급 닭을 팔고 있다고 설명했다. 못 먹는 것이 아니라는 걸 증명한 것이다. 비품이지만 먹는 데는 아무런 지장이 없는 것이니 필요한 사람은 싸게 사서 먹을 수 있다는 것이다.

다음에는 대한민국 삼계탕의 원조라고 불리는 삼계탕 집에 찾아간다. 식당의 명성답게 가게 앞에는 증서가 붙어있었다. 이러면 사람들은 가게를 모를 수가 없다. 어느 음식점인지 알려고 마음만 먹으면 다 알 수 있다는 뜻이다. 그런데 거기 가서도 또 닭다리 색깔이 붉다고 트집을 잡는다. 앞에서도 말했다시피 불에 의한 것이지 절대 비급닭이라 그런 것이 아니다. 그리고는 닭 뼈가 유난히 검다고 말한다. 냉동닭이라는 의심을 하는 것이다.

한 식당에서 두 그릇을 주문했는데 한 그릇의 뼈만 유난히 검다며 비교해서 보여준다. 이번에도 종업원에게 뼈가 검은 이유를 묻는다. 종업원은 웃으며 냉동은 아닌데 사람도 하얗고 검은 사람이 있는 것처럼 닭도 그렇다고 설명한다. 이는 맞는 말이다. 닭을 동시에 수만 마리를 잡아 봐도 몇 마리는 뼈가 검은 닭이 나온다.

'잘 알지도 못하면서, 근거도 없이 '이상한 사람' '이상한 삼계탕 집'으로 만들지 말라고!'

금산삼계탕 닭은 15일 정도만 냉동을 해도 뼈가 검게 변한다. 삼계탕 장사는 6,7,8월 매출이 1년 장사의 50%를 차지한다. 그래서 초·중·말복 즈음하여 금산삼계탕은 신선육 닭을 급냉하여 쓴다. 또한 무더운 여름엔 닭이 잘 자라지 않는 것을 대비해 어느정도 신선육 닭을 급냉시켜 사용한다.

참 알지도 못하면서 많이도 찾아간다. 이번에는 용산에 있는 삼계탕집인데 닭이 나오자마자 의미심장한 음악이 깔리면서 삼계탕을 자세히 보여준다. 삼계탕은 살이 갈라져 속 재료가 보이고 있는 것이다. 삼계탕을 먹던 제작진은 누린내가 난다며 뱉어 버린다.

누린내가 나는 것은 연출인지 사실인지 확인할 수 없다. 하지만 닭을 삶다 보면 배에 찹쌀이 많이 들어간다거나 그러면 닭을 삶는

신선육이라고 해도 닭을 삶는 과정에서 훼손되고 당일 잡은 닭이라도 삶아서 한시간이 지나면 색이 변한다

식당, 이렇게 하면 빨리 망한다

과정에서 배가 터질 수도 있다. 물론 날개도 수도 없이 부러진다. 기계로 찍어서 삶는다고 해도 건져낼 때 날개가 부러지는 수가 허다하다. 이를 모두 비급닭이라고 하고 있는 것이다. 정말 해도 해도 너무한다.

개에게 닭을 통째로 준다?

가장 말도 안 되는 연출이 있다. 바로 개에게 생닭을 통째로 주는 장면이다. 이런 말도 안 되는 장면을 보여주다니… 어떻게 보면 제작진이 치명적인 실수를 한 것이다. 나는 이 부분은 제작진의 의도로 철저하게 꾸며낸 거짓이라고 확신할 수 있다.

　문제의 장면은 개 사료로 유통기한이 지난 냉동닭을 사용한다는
말을 듣고 개 사육 농장에 찾아가는 것으로 시작된다. 찾아간 그곳
에서는 농장 주인이 개 먹이로 닭을 준다고 말했다. 유통기한이 지
난 냉동 닭을 날로 주거나 삶아서 준다고 하는 것이다. 그러더니
업자에게 얻었다는 닭을 음식점에서 얻은 잔반이 끓고 있는 통에
넣었다. 삽으로 휘휘 저으면서 이렇게 넣고 끓여서 다 풀어지면 개
에게 주는 것이라고 말했다. 그러더니 다른 사람에게 얻었다며 털
도 뽑지 않은 닭을 삽으로 들어 올렸다. 보기만 해도 혐오스러워
보였다. 설상가상으로 이번에는 생닭을 개에게 준다. 개는 정말 환
장을 하면서 먹는다.

　이 모든 장면들은 철저하게 다 거짓으로 꾸며낸 것이다. 개는 원
래 육식동물로 고기를 좋아한다. 닭고기도 마찬가지다. 하지만 농
장에서는 개에게 닭을 절대 통째로 주지 않는다. 이는 개를 키워
본 사람이라면 기본적으로 통하는 상식이다. 왜냐하면, 닭 뼈는 날
카롭게 부서져서 개의 소화기관을 다치게 하여 급성복막염을 일으
킬 수 있고, 상황에 따라서는 개가 급사하는 일도 생길 수 있기 때
문이다.

　그날 개에게 던져준 닭은 100% 신선육이다. 화면만 봐도 다 알
수 있다. 냉동닭을 준다더니 개가 더 잘 먹는 모습을 보여주기 위
해 신선육을 준 것이다. 이정도 연출이라면 분명 개를 살짝 굶겼을

수도 있다. 어쨌든 개가 잘 먹는 모습을 찍었으니 그 모습을 보고 시청자가 '개나 먹는 걸 먹었구나!'하는 생각이 들었을 것이다.

'누가 개 농장에다 닭을 공짜로 가져다줬는지 밝혀라! 그냥 연출을 위해 제작진이 가져다준 거겠지! 아니라면 누구인지 당당히 밝혔어야 하는 거 아닌가?'

　여기서 개 사료에 대해 짚고 넘어가야 한다. 개에게는 절대 닭을 통째로 먹이지 않는다. 사료는 90% 이상이 닭 머리와 내장, 그리고 뼈 없는 닭발을 가공해서 나온 부산물 등으로 되어있다. 또한, 이를 그냥 주는 것이 아니라 꼭! 분쇄기에 갈아서 먹인다. 그냥 주었다가는 큰일이 생긴다.

　우리나라에서 개 농장을 하고 있는 사람은 약 2만 명이 넘는다고 한다. 내가 아는 지인 중에 오백 마리를 둔 농장 주인이 있다. 그분이 말하기를 "소시지는 돼지로 하는 것도 있지만, 닭으로 만드는 소시지가 더 많다. 그래서 소시지 공장에 닭을 납품할 때 뼈를 발라내는데 그렇게 발라낸 뼈가 전부 개 사료로 쓰인다. 그것 역시 분쇄기에 갈아서 개 사료로 먹인다. 그것만으로도 굉장히 많아서 개 사료로 쓰기에 충분한 양이다."라고 설명해 주셨다. 절대로 어디서도 닭을 통째로 주는 농장은 없다는 것이다.

　정말 연출의 극치다. 세상을 온통 연출로 만들어 놓고 그것을 사실로 믿게끔 만든다. 하지만 이것만은 감히 말해주고 싶다. 이 사실은 연출이 아니라 의도된 조작극임을.

'당신이 연출로 사람들을 속이는 만큼 길바닥에 앉는 사람도 많다. 조금이라도 양심이 있다면 사과방송해라! 단, 사과방송을 하더라도 1회분만큼 해라! 신문방송을 보면 꼭 잘못은 대문짝만하게 해놓고, 사과는 코딱지만 하게 내보내는데 그런 사과는 절대 용납할 수 없다.'

영돈氏, 영세 식당만 까는 이유

식당 자영업자50만 명, 분식집 등 미등록된 것까지 하면 57만 개

식당, 이렇게 하면 빨리 망한다

가량 된다. 내가 이들의 대변인이 될 수 있을지 도르겠지만, 이 책을 통해서나마 이영돈씨의 비겁함과 치졸함을 밝히려 한다.

57만 개의 음식점 중에서 나는 비양심적인 사람보다 양심적인 사람들이 훨씬 많다고 믿는다. 그런데 몇몇 비양심적인 행태에 대해 고발한다는 빌미로 무고한 음식점까지 문을 닫게 만들고 있다. 멀쩡한 식당들까지 엮어 다 망하라는 식이다.

뼈가 검은 닭은 다 날짜 지난 냉동닭이고, 날개 튀어나온 닭은 다 비급닭이라 그렇다?

그럼 당신이 직접 해봐라! 100마리 만들고 그릇에 담을 때 날개 하나도 안 부러지게 할 수 있나. 그리고 마트에서 파는 완전식품 바로 먹는 삼계탕은 뼈도 다 새까맣고, 유통기한 2년인 냉동닭인데 왜 그런 거는 안 파헤치느냐 말이다!

솔직히 대기업에서 나오는 식품이야말로 전국 대형마트 곳곳에서 쉽게 접할 수 있기 때문에 문제가 생기면 서민들에게 더 큰 타격이 간다. 그리고 보신탕, 염소탕 등을 전문으로 하는 식당 중에서는 보신탕, 염소탕을 못 먹는 손님을 위해 완전식품인 바로 먹는 삼계탕을 구해다가 데우기만 해서 판매하는 곳도 있는 것으로 안다. 그럼에도 대기업을 치지 않는 이유가 있다. 바로 광고 때문이다.

대기업에 대한 행태는 일언반구 없으면서 영세 사업장 음식점들만 들추고 다닌다. 그러니 일반 음식점에 대한 불신은 높아지고 대

기업에 대한 믿음이 강해져 결국 서민 등골 빼 대기업 배불리는 꼴
이 되고 만 것이다. 그러고도 바른 먹거리를 추구하는 바른 방송이
라 말할 수 있는가?

　2013년 11월 24일 안동에 잠깐 볼일을 보러 갔을 때였다. 〈이영
돈PD의 논리로 풀다〉라는 방송을 하고 있었는데, 주제가 치매였
다. 이영돈씨 자신도 직접 검사를 받겠다며 뇌 활성화 수치를 측정
했다. 수치가 10Hz 이상이 나오면 정상인 평균 범위라고 한다. 이
영돈씨의 검사 결과는 8.2Hz가 나왔다. 의사는 수치가 낮으니 더
이상 스트레스를 받으면 뇌기능의 노화가 올 수 있다고 주의를 주
었다. 그러자 이영돈씨는 의사에게 "아침에 시청률 때문에 스트레
스를 안 받을 수가 없다."고 말했다. 정말 기가 막혔다. 겨우 시청
률 올리자고 거짓연출로 꾸민 방송으로 수많은 사람들을 망하게
하고 길거리로 내몰고 있던 것이 아닌가!
　당신은 혼자 치매 안 걸리려고, 거짓으로 불법으로 시청률 높이
기 위해 연출하는지는 모르겠지만, 사실을 왜곡한 당신의 그런 방
송으로 인해 생계를 위협받는 영세 음식점·식당은 목숨까지 오락
가락한다!
　연출로 만들어진 방송에 세상이 속고 있다. 세상이 연출이다 하
더라도 힘없는 서민에게 힘을 주는 연출을 해야 한다. 그리고 더
이상은 진실을 왜곡한 방송에 의해 착한 시민들이 피해를 입는 일

278

이 없었으면 좋겠다.

'마지막으로, 이영돈씨! 나랑 한판 뜨자! 난 언제든지 뜰 시간이 준비돼 있다. 단, 생방송으로 하자. 녹화방송하면 또 편집할거 아니가?'

차라리 나를 까라

사랑하는 나의 며느라. 이 책이 나가면 아버지는 망할 수도 있다. 세상에서 형 선고를 기다리는 미결수는 마음이 늘 불안하지만,

형 날짜가 확정되어 기결수가 되면 오히려 마음이 그렇게 편해진
다더라.

난 이미 기결수란다. 망하더라도 금산삼계탕 이름만 더럽히지 않
으면 지금 건물이 경매에 날아가더라도 불안할 것이 없단다. 오히
려 더 나을 수도 있다. 약간이라도 남은 돈으로 주차장 없는 아주
작은 가게나 세 얻어서 너희 시어머니와 일하는 아주머니 한두 분
만 두고, 하루 70그릇 한정하여 판다면 오후 3~4시면 끝날 거다. 그
럼 지금까지 놀아보지도 못한 너희 시어머니와 남은 시간에 산에도
가고 운동도 다니면서 살면 지금보다 마음이 편할 것 같구나.

내가 50만 명의 식당 자영업자를 대표할 수는 없다. 그저 또라이
같은 짓이지만 허튼 소리하는 언론과 한판 붙고싶은 마음뿐이다.

- 며느리에게(2013.12.2- 전 가족의 반대에도 내 고집으로 책 내기로 결정) -

이영돈씨가 무고한 영세 식당 업자를 까느니 차라리 나를 깠으면
하는 게 내 바람이다.

내 가족들은 물론 주변의 친구와 선후배들도 모두 이 책의 출간
을 결사반대했다.

집사람은 책을 내면 이혼하겠다고 엄포까지 놓았다. 농담이 아니
다. 그래서 원고를 2년 이상 가지고 있었다.

많은 시간 때론 아무것도 할 수 없는 내가 한심하기도 하고, 때론 너무 억울해서 주체할 수 없는 슬픔으로 까만 밤을 하얗게 지새우기도 하며 여기까지 왔다. 그리고 이제 모든 주변의 반대를 무릅쓰고 책을 내기로 했다. 얼마나 많은 독자가 내 생각에 공감을 할까? 오히려 이 책으로 인해 내가 30여 년 동안 길궈온 금산삼계탕이 하루아침에 망하는 것은 아닌가? 여러 생각으로 머릿속이 복잡하다. 하지만 지금 이 순간 난 모든 것을 감수하기로 했다.

맞다. 힘없는 나 같은 놈 하나가 거대한 권력인 언론에 맞서서 이 사회를 얼마나 바꾸겠는가. 닭도 아닌 병아리 알도 아닌, 아직 엄마 뱃속에서 알이 되려고 하는 내가 큰 공룡과… 하지만 이 지구에 더는 공룡은 없다. 이것저것 가리지 않고 주변의 모든 것들을 먹어치운 공룡은 그렇게 사라져갔다.

과연 이 책이 얼마나 팔리겠느냐만 지금 난 이것만 생각하련다.

내가 다시 태어난다면

형편이 풀린 후로 늦바람난 사람마냥 여행을 다녔고 수없이 해외 여행을 다녔지만, 남태평양 멜라네시아 동남쪽 끝 '피지'만 한 곳은 없었다. 피지의 햇살, 바람, 냄새, 사람들, 집, 바다 모든 것들이 내겐 세상 시름 다 잊게 해주는 오곡약이다. 피지로 가는 비행기 안에서 지나간 날들을 떠올리며 상념에 젖었다.

살면서 참 기뻤던 날도 많았다. 우리 엄마가 형사 따귀를 때릴 때도 기뻤고, 우리 처를 맞이할 때도 기뻤다. 30대에 내 집을 처음으로 짓던 날, 40대에 내가 봐도 어마어마한 삼계탕집을 지었을 때, 그렇게 기다리고 기다리던 우리 막내딸이 태어났을 때도 말할 수 없이 기뻤다. 그리고 가만 생각해 보니 처음으로 신경정신과 약을 먹고 사흘 내리자고 일어나던 그 순간이 정말, 정말 가장 기뻤던 것 같다.

비행기가 적도를 넘어 남반구로 접어들 즈음 내가 적고 있는 글들이 마치 외계의 어떤 별에서 지구에 살고 있는 어떤 사람에게 보낸 편지 같다는 생각이 들었다.

지나간 숱한 일들이 마치 나와는 상관없이 느껴지는 건 왜일까? 어떤 날은 꿈을 꾸었던 것 같고 또 어떤 날들은 아름다운 날에 그려진 맑고 고운 수채화 같기도 하다. 그리고 악몽같이 끔찍한 날들도 있었다.

만약에 내가 다시 태어난다면, 무엇보다 가난 없는 세상에서 태어나고 싶다.

돈이 없어서 먹을 것이 없고 먹을 것이 없어서 길거리를 헤매는 그런 세상이 아닌 곳에서 태어나고 싶다. 극심한 우울증에 시달려야 하고 손가락 하나 까딱하기 싫은 무기력증에 빠져 숨 쉬는 것조차 힘겹도록 만드는 그 악랄한 고문이 없는 세상에 태어나고 싶다.

자신의 이익을 취하려 남을 괴롭히고 거짓말하고, 슬픈 일인데도 웃기는 일이 되고 웃기는 일인데도 엄청나게 슬프고 괴로운 일이 되어버리는 그런 복잡하고 버거운 세상이 아닌 곳에서 태어나고 싶다. 그래서 슬프면 슬픈 대로 그 마음을 헤아려 주고 기쁘면 기쁜 대로 그것도 서로 나누고 아플 때는 따스한 손길로 그 아픔을 쓰다듬어 주는 그런 세상에서 살고 싶다.

남이 노력해서 이루어 놓은 것을 가로채 가려는 더러운 심보가

발을 붙이지 못하는 세상, 거짓말하지 않아도 되고 거짓말에 당할 일도 없는 그런 세상에서 살고 싶다. 그런 세상에서 지구에서 가장 맛있는 닭요리를 하면서 그렇게 살고 싶다.

소중한 내 가족! 우리 어머니, 우리 처, 그리고 아들, 딸, 며느리, 예쁜 손녀.
다 함께 힘을 모아 그런 세상을 만들어가는, 사람 같은 사람으로 남은 한 세상 살아갔으면 좋겠다.

오늘이 가면 내일이 온다.
이 세상을 살다가 인생이 끝나는 느낌이 들어도 그 순간이 지나면 또다시 내일이 오고, 지구라는 행성이 주어진 길을 따라 돌고 있는 동안은 언제나 희망은 있고, 기회는 노력하는 만큼 계속 오는 것이다.
오늘도 그 당연한 이치를 잊지 않으려 다시 나 자신에게 타이른다.

휴대폰 메시지로 시작해…

…책으로 나오다.